古代歷史文化 研究輯刊

二九編

王明蓀 主編

第18冊

「三百六十行」詳考
——從煙畫《三百六十行》看晚清的市廛風情（上）

李德生、王琪 編著

國家圖書館出版品預行編目資料

「三百六十行」詳考——從煙畫《三百六十行》看晚清的市
廛風情（上）／李德生、王琪 編著 -- 初版 -- 新北市：花木
蘭文化事業有限公司，2023〔民 112〕
序 10+ 目 2+222 面；19×26 公分
（古代歷史文化研究輯刊 二九編；第 18 冊）
ISBN 978-626-344-162-0（精裝）
1.CST：社會生活 2.CST：清代 3.CST：中國
618   111021690

ISBN-978-626-344-162-0

古代歷史文化研究輯刊
二九編　第十八冊　　　　　　　　ISBN：978-626-344-162-0

「三百六十行」詳考
——從煙畫《三百六十行》看晚清的市廛風情（上）

編　　者　李德生、王琪
主　　編　王明蓀
總 編 輯　杜潔祥
副總編輯　楊嘉樂
編輯主任　許郁翎
編　　輯　張雅淋、潘玟靜　美術編輯　陳逸婷
出　　版　花木蘭文化事業有限公司
發 行 人　高小娟
聯絡地址　235 新北市中和區中安街七二號十三樓
　　　　　電話：02-2923-1455／傳真：02-2923-1452
網　　址　http://www.huamulan.tw 信箱 service@huamulans.com
印　　刷　普羅文化出版廣告事業
初　　版　2023 年 3 月
定　　價　二九編 23 冊（精裝）新台幣 70,000 元

版權所有・請勿翻印

「三百六十行」詳考
——從煙畫《三百六十行》看晚清的市廛風情(上)

李德生、王琪 編著

作者簡介

　　李德生，原籍北京，旅居加拿大，係加拿大文化更新研究中心研究員，致力於東方民俗文化和中國戲劇之研究。有如下著作在國內外出版發行：

《束胸的歷史與禁革》（臺灣花木蘭文化出版社出版 2021 年 3 月）；

《粉戲》（臺灣花木蘭文化出版社出版 2021 年 3 月）；

《血粉戲及劇本十五種》（上中下）（臺灣花木蘭文化出版社出版 2021 年 8 月）；

《禁戲》（上下）（臺灣花木蘭文化出版社出版 2021 年 8 月）；

《炕與炕文化》（臺灣花木蘭文化出版社出版 2021 年 8 月）；

《煙雲畫憶》（臺灣花木蘭文化出版社出版 2021 年 8 月）；

《京劇名票錄》（上下）（臺灣花木蘭文化出版社出版 2021 年 8 月）；

《春色如許》（臺灣花木蘭文化出版社出版 2022 年 3 月）；

《讀圖鑒史》（臺灣花木蘭文化出版社出版 2022 年 3 月）；

《摩登考》（臺灣花木蘭文化出版社出版 2022 年 3 月）；

《圖史鉤沉》（臺灣花木蘭文化出版社出版 2022 年 3 月）；

《旗裝戲》（臺灣花木蘭文化出版社出版 2022 年 8 月）；

《二十四孝興衰史》（臺灣花木蘭文化出版社出版 2022 年 8 月）。

　　王琪，著名評劇表演藝術家，中國戲劇家協會會員。原籍北京，致力於戲劇演出，多次榮獲市文化局頒第一、二屆「中青年戲劇調演表演獎（《癡夢》）」、「戲劇《秦香蓮》《三姑鬧婚》演出百場獎」和部頒「戲劇電視連續劇（《慧眼識風流》）金獎」。旅居加拿大後，致力戲劇教育工作並從事東方民俗文化之研究。有如下著作在國內外出版：

《清宮戲畫》（中國社科出版社出版 2020 年）；

《春色如許》（臺灣花木蘭文化出版社出版 2022 年 3 月）；

《摩登考》（臺灣花木蘭文化出版社出版 2022 年 3 月）。

提　　要

　　「三百六十行」是對封建社會小農經濟狀況下農村、市井中百工雜役、民生諸業的一種泛指。第一次鴉片戰爭後，列強憑藉「艦堅炮利」打開了中國閉鎖的國門。西方經濟文化的浸入，使華夏的經濟生活發生了很大的變化。社會分工的細化，新行當、新職業的不斷派生，遠非「三百六十行」可以涵蓋。此語彙便逐漸退出舞臺。新一代青年人幾乎不知「三百六十行」為何物。筆者有幸收藏有晚清外國煙草企業在華發行的「三百六十行」煙畫三百餘枚，連綴一起，宛若一卷「清明上河圖」，真實生動地描述了彼時市井村鎮「三百六十行」的行為狀況。在攝影術尚不發達的時代，為今人留下了一幀幀寶貴的影像。筆者盡其所知，一一注以圖釋，遂成此書。諺云：「今人不識舊時月，願乞此月照古人。」

代前言：桑梓舊風物　頻頻入夢來

李蔭寰

　　我今年九十多歲了，因為眼花手顫已很少寫東西了。近日看了李德生、王琪編寫的《三百六十行詳考》草稿之後，倒勾起了我青年時期，在河北農村搞「鄉村風俗調查」的許多回憶。拉雜寫將下來，或可做為對老《三百六十行詳考》的一篇佐證。

　　余之祖藉是河北省青縣。青縣位於華北平原東部，南接滄州，北依京津，也算中原腹地的一處要衝。據文獻考證：漢高帝時在此置參戶縣，後隨朝代的更迭遷變，先後改稱長蘆、永安、乾寧和會川等名。直到明代洪武八年（1375），這裡才開始稱為青縣。

左圖為李蔭寰老先生小照。懾於 2010 年蘇州寒山寺外之江村橋畔。　右圖為現在的河北省青縣政區圖。

　　余生於民國十年十月初十日，係青縣八里莊村中的一戶小康人家。祖上世代務農，祖屋建在村外，門前有一溪流水經過，四周農田環繞，春綠秋黃，一片畫境。中有老屋一十二間，自成格局，它是我幼年生活成長之地。彼時，八里莊內像這樣生活的農家十有五、六，故在土改時劃為中農。

　　民國伊始，民智已開，余幼讀私塾，曾立雪於青縣宿儒「薊門叟」劉老先生門下研讀舊學。新學興時，余亦有幸讀到高中。少年長成，心高志遠，篤信三民主義，常懷報國之志，曾投書地方報端，言及「新農村改變」之法。在當時亦算是個有為的熱血青年。二十歲時，為當地舉薦去了北京，參加了政府主辦的「河北地區新農村建設研習會」的進修學習。記得全班同學均是來自河北、天津、北平城鄉的進步青年，有一百多人。校址在北京鼓樓大街鑼鼓巷一帶的一個大宅門內。進修期間，有幸聆聽了燕京大學教授費孝通先生和農學博士劉拓先生的演講。他們指出「中國的問題主要是農村問題」。「農村經濟落後，相伴而生的是文盲充斥、科學落後、衛生不良、陋習盛行、公德不修等不良現象。正是在這樣的現實背景下，幫助農村、改造農村是當前最最重要的事情之一。」我們從學習中知道了晏陽初、梁漱溟、陶行知等人在農村建設中的實踐和努力。我記得費孝通先生在講演中最後一句話是：「同學們，建設新農村要靠全社會的共同努力。要辦好農村的事，首先要作好農村調查工作，要瞭解農民的經濟生活和當地的世態民風，方能因地治宜，對症下藥。」

　　結業之後，我被分配到青縣專署工作。中國古來有「皇權不下縣」之說，所以，農村鄉縣的行政編制非常簡約，開支度用也十分微薄。因為民風質樸，很少有大的是非爭執。總有爭執，無非是灌溉用水、院牆宅基而已。這類事務多由村中三老四少調解停當，也就是了。因之，鄉署除例行公事之外，閒暇時間比較充裕。縣長劉鳳凱為人坦誠，幹練開明，常鼓勵署員下鄉入戶，瞭解鄉俗民情，並要求撰寫《調研報告》供署中參用。在他的鼓勵下，我就在本縣騎著自行車、走村進戶，開始了調研工作。青縣十里八鄉、有幾百個自然村，實踐中深刻地體會到「十里不同風，九里不同俗」的古語。半年下來，檢點桑梓，收穫甚豐。

左圖為農民在田間辛苦勞作。右圖為村鎮居民的日常生活。見自清末英美煙草公司發行的煙畫。

　　青縣這一帶，自古沒有出現過什麼特殊的大人物，據《明史》載：孝宗皇的帝朱祐樘的皇后張氏（1471～1541 年），是一位實實在在的青縣人。其父張巒是興濟的秀才，曾以鄉貢的名義進入國子監。算是家門有幸，孝宗選妃時，竟入龍目。一時間為青縣掙得了頂級的榮耀。奈何其子朱厚照膝下無子，侄孫嘉靖入繼大統，張氏晚景淒涼。其弟又因罪賜死，青縣這支龍脈也就此斷了根基。

　　另外，數到頭的便是「小站練兵」的袁世凱了，而他不是青縣人。還有一位侍候過慈禧皇太后的「小德張」，他是青縣南呂官屯人。還有「紅燈照九蓮聖母」林黑兒的祖籍，是在金牛鎮李二姐莊。再往下數，就是國民黨某師師團長、少林寺「鐵襠」武僧張環生了。這些被神化了的人物，他們既是青縣的「驕傲」，也是青縣的「不好意思」。

　　彼時，青縣的經濟活動，除了自給自足的小農經濟之外，商賈交通的經濟活動並不發達，也沒有什麼出類拔萃的農產品。比較有名的是「獨流醋」。它的成名地點是在靜海，而製醋的根子原在青縣。據老輩人講，「獨流醋」東家祖上是從洪洞「大槐樹」移民來的。來時就帶來了製醋的秘方。用黃米、高粱、小麥、大麥、豌豆製麴，再經過蒸煮發酵，翻倒三年，方製出酸中帶甜，不澀不楞，質地濃稠，久存不黴的優質老醋。後來生意做大了，老東家便舉家從青縣遷到離天津衛較近的獨流。

　　還有一個叫得響的產品，那就是「燒鍋好酒同聚祥」。我去興濟時，「同聚祥」的買賣並不大，只在鎮北街的把口處有三間小門臉，兩個大酒缸，前櫃後坊，是個帶糟槽燒鍋的小酒坊。王掌櫃為人憨厚，他說自家的酒好，可能貴了點兒，在本地賣不動，主要銷到塘沽、天津，每年也就三四十罈，維持著養家糊口吧！

　　說到農產品，還有一種罈裝冬菜是青縣的特產。幾乎各村各莊都會醃製。在入冬之前，人們將大白菜切成小塊，晾曬半乾，加鹽揉搓，入缸壓實，然後，加入蒜泥海鹽，封缸發酵，到第二年春天開罈即成。它有一種特殊香味，是頓湯調羹的絕妙佳品。例如，煮餛飩、蒸扣肉，都是必不可少的佐料。民國二十年，天津工商部曾組織過一批土特產，去參加法國巴黎舉辦的商品博覽會。有好事者將青縣冬菜一併送上，因為它的味道奇特，獲得了一項具有鼓勵性質的優質獎。這件事在民國《河北通志稿》和民國《青縣志》均有記述。但是，冬菜畢竟是個蕞爾小技，難成氣候，一直也沒有推上檯面。

　　青縣還有一種特產，那就是「呵啦棗兒」。青縣四鄉什戶庭前院後、田間壟頭處處長滿棗樹。立秋之後大紅棗掛滿枝頭，滾圓個大，清甜脆口，浸齒留香。人們把棗子去了核兒，放入熱炕或灶坑裏烘烤，使之赤紅乾透，咬一口又香又脆，絕對是一種嘮嗑磨牙的好東西。只可惜，無人無力組織有規模的生產和貯運，所以，也難以應需上市。在「文革」後「開放搞活」的日子裏，鄉里來人說，生產大隊聽說廣東人每天都要喝「早茶」，就決定把青縣「呵啦棗兒」研磨成細細的粉末，十克一小袋，倒入茶杯，用開水一沖，就成了香噴噴的「棗茶」了。結果，拿到廣州市場一看，完全不是那麼一回事兒！把「早茶」誤聽成「棗茶」了。而今推敲起來，這也是農村長期閉塞、黃土鎖農而導致的一個大笑話！

　　在歷史古蹟方面，青縣也有幾項值得驕傲的地方。其一，便是離縣城不遠的金牛鎮頗有點兒來歷。金牛鎮東南接黃驊、西接周官屯，北連馬廠，東北比鄰靜海，下轄小牛莊、吳增口、集賢屯、閻莊子等三十二個村莊。小牛莊附近有一段殘破不堪的古城牆，在古城牆前雜草叢中有一鐵鑄臥牛，由於長年的餐風飲露、沐雨櫛風，鐵牛早已鏽跡斑斑，殘頭缺尾了。當地民謠有「鞭打臥牛牛不起」的殘句。然而，此牛鑄於何時？古城牆亦建於何時？並沒有人能說得清楚。我看過鐵牛之後，當時頗生「銅駝棘荊」之歎！

　　歸來，在燈下翻看《明史》，開國皇帝朱洪武將皇位傳給皇孫朱允炆，其叔朱棣不服，借「清君側」之名，帶兵進犯南京。途經此地，城中軍民忠於明室，以死抗爭。朱棣大軍圍城三月，攻克不下，憤而繞城南去。最後，朱棣入主南京，登基坐殿時，為報當年受阻之仇，率軍又來了個「燕王掃北」。把曾經反抗他的滄州、金牛、青縣一帶的城池悉數拆毀，屠城竟月，把當地百姓殺

得屍橫遍野、寸草不留。我結合當地「鞭打臥牛牛不起」的民謠推斷，此地當為古代的「臥牛城」！

直到永樂十年，朱棣為了繁榮中原腹地，從山陝遷平民十萬於滄州、青縣一帶。據《隴西李氏家譜》記載：我李姓家族是在萬曆元年，由先祖潤文公自今天津所轄之李官莊始遷於此。據《青縣縣志》載：「所遷移民闢荒植地，建屋築舍，胼手胝足、不捨晝夜，婦孺同耕，辛苦勞作，始育良田千畝，溝渠網合，林蔭成道，雞鴨滿坡，男耕女織、白髮垂髫皆怡然自樂矣。」這是我在調查過程中，考證出來的一件事。曾把這一推論寫入《調查報告》，並建議那尊鐵牛也應該得到認真的保護。此事還得到了上級的褒獎。後來聽說，那尊臥在曠野荒郊的鐵牛，在五八年大躍進「全民煉鋼」時，被砸得粉碎，丟進煉鋼爐中去了。「臥牛古城」的城址如今則定為滄縣向西綿延一帶。

左圖為鄉間縣中農人在廟裏燒香許願的情景。右圖為集鎮中社火走會的盛況。見自清末英美煙草公司發行的煙畫。

此外，位於縣政府左近的盤古廟也是座歷史悠久的古建。元《祭祀志五·古帝王廟》便有：「元世祖十五年夏四月乙卯日修會川縣（即今青縣）盤古王祠，祀之」的記載。但是，此廟也因長年戰亂，乏人修葺，民國時已破爛不堪。頹垣斷井，薜蔓叢生，狐巢鼠穴，恍若廢墟。平時生民匆匆過市，很少有人光顧。但是，一到春節前後，盤古廟廟會雄起，如火如荼地熱鬧起來。屆時廟前廟後、長街短巷，商號結綵，攤檔雲聚，賣絨花的、賣鞋襪帽子的、賣草鞋、籃子、鍋碗瓢盆的。吃食行中，賣糖炒栗子的、賣包子的，賣茶雞蛋，賣烤白薯、年糕、糕餅、粽子、麻花、糖果的，百軫雜陳，要啥有啥。青縣十里八鄉，翁姑長幼，甚至滄州境內的農民也都紛至沓來。終日人煙熙攘、買賣交通。走會社火，鑼鼓喧天，鼎沸一時。當時鄉政府也有志對古祠進行修葺，奈何籌款困難，杯水車薪，只能委託寺中老僧維持而已。

鄉間的農民終年過著「面朝黃土背朝天」的苦日子，但也有各自的喜樂和

歡悅！每逢縣裏趕大集、逛廟會，走社火時，「農民的歡樂」表現得最是突出。屆時五行八作、雜耍百戲、吃喝玩樂、「三百六十行」一擁而上。譬如，青縣有自己獨特的民間小戲兒。它與京、評、梆、豫全然不同，「唱兩句一哈哈」，既風趣討俏又有味中聽。能上臺的戲碼兒還挺多，如《楊二舍化緣》《王小趕腳》《王定保借當》《小姑賢》《鞭打蘆花》《三月三月》等都能唱，大姑娘小媳婦也都愛聽。以中蔡莊的「秧歌班」最為紅火，唱到哪兒，老老少少的人們就擁到哪兒。鄉長還給這種小戲起了個名兒，叫做「青劇」。後來，發生了一件「小生調戲良家婦女」的事件，這個青劇班兒也就鳥獸散了。

另外，耿官屯的「吵子會」、代官屯的「高蹺會」、蘭辛莊的「獅子會」、苗莊子的「跑旱船」、坑頭村的「五虎棍」等等，都是當地一絕。在廟會中一條龍地走將起來，從東鄉到西鄉，從南鄉到北鄉，煞是雄壯。走會的驚天動地，鳳舞龍驤。這些耍槍弄棒，腰肢浪擺的後生們，如魔似幻，虎虎生風，有使不完的勁兒頭，耍不完的精氣神兒，一個個上竄下跳、爭傚英雄。追著看的婦姑婆媳、老少爺們兒們，一個個如醉如癡，樂得整天合不上嘴兒。真是「農村之樂樂何如，醉倒場院不須扶。看了盤古大走會，摟著老婆睡日頭。」

青縣的武術也名鎮四方，其中最著名的有大屯村的「燕青拳」、小交河村的「秘宗拳」，邢家廟的「通背拳」，集賢屯的「六合刀」。楊莊子的「五虎斷魂槍」種種，都有名師傳授，均有不凡的歷史，據說清嘉慶年間，青縣盤古廟年年擺擂臺，供各路英雄爭強鬥勝，各展其能。黃三太和竇爾敦曾在此比武，乃至飛標結怨，翻演出《盜御馬》《天霸拜山》等一齣齣的大武戲。誠然，這都是「姑妄聽之」之說，不足採信。不過，在我的實地調研中，這些地方的莊子內都有專職武師、教場、習武所。每日傍晚，莊子裏的少年子弟都聚集於此，在武師、或善武的前輩們的指導下，認認真真地練起功來，耗腿、下腰、拉山膀，提石鎖、弄棍棒、打飛腳，一個個還真有個「練家子」模樣。我問過大屯村的村長：「這個習武所辦了多少年了？」他說：「這可是祖上傳留下來的。俺們村人人好武，就是十二三歲的小姑娘也能來兩下子。三五個人近不了身。練功習武，一可以健體強身，二可以在盜匪臨莊的時候，保村護姓。三，在荒旱災年時，外出賣藝也能混口飯吃。再說，這些兒馬蛋子正是打滾鬧槽的時候，給他們聚起來練功習武，也免得他們惹事生非。」這位村長說的也是實實在在的大實話。

從調研的角度來看，青縣各村尚武的傳統，源於宋元時期。那一階段外夷成患，時常內侵，擄奪牲畜財產。各村為了自保，組織村民，成立鄉勇團練，久而久之，遂成習俗。清代末年鬧義和團，山東、河北一帶，村村設壇樹旗。「扶清滅洋」，一呼百應。青縣，滄縣的團勇鬧得更歡。不少人跟著去燒教堂、殺「二毛子」，有的還參加了火燒老龍頭，包圍西什庫的戰鬥。奈何風頭一變，興高彩烈而去的團勇，紛紛鎩羽而歸。有的還丟了性命。至於，這些人是英雄還是亂民，迄今也沒個明確的說法。

左圖為鄉鎮農婦攜子抱嬰爭看偶人戲。右圖為農村趕集期間孩子們吃零食看西洋鏡的情景。見自清末英美煙草公司發行的煙畫。

因為跑的地方多了，發現青縣的一些落後村莊還留有很多「惡俗」。例如：有個「乞討村」，該村村民不管男女老少皆以乞討為榮。其實，這裡的每家每戶的日子過得都挺不錯。最不濟的，家中也有三間瓦房。可是，不管當年的收成如何，是好是壞，一到農閒，家家都攜兒帶女，拄著打狗棍，腰繫稻草繩，挎個破籃子外出要飯。周遭晃蕩十天半個月後回來，還相互攀比，看那一家要得多。要得多才算有能耐！有好事者向該村的老輩人說：「咱們不缺吃、不少喝，何必拋頭捨臉的幹這個哪？」當村的老人們會說：「幹這個，一不偷二不搶，在三百六十行中也算是個正經八板的一行。豈不聞，韓信乞食漂母，伍員鬧市吹簫，也都是千古佳話。咱們農人過日子貴在節儉，農閒在家無事可幹，白糟蹋自家的糧食，出去走一圈，見見世面。不僅給家裏節省了不少嚼穀，再弄回些窩頭餑餑，漚成兩罈好醬，能吃一年！」幾句話，反說得好事者啞口無言。

靠近南宮那邊兒也還有個外號「三仙姑」村的。村裏的大姑娘小媳婦都會裝神弄鬼的「跳大神」，她們專為鄉下人排憂解困，為孩子招魂，為寡婦過陰，消除五毒、驅除魍魅、樣樣都行，硬說是祖傳的營生。此外，還發現一個「小絡」村，村裏的孩子們都練飛簷走壁、順手牽羊。專有老祖兒傳授，農閒時節，

四處流竄，自稱是時遷、朱光祖的門生，幹的也是件買賣活計。自小練習挨打熬刑，練成「打死也不說」、「決不攀葛他人」的真工夫，才算好漢。

更有奇者，這個莊子裏的小夥子們都練「鐵襠功」。功成之後，金槍不倒，水火不懼，運起功來，能挑起鐵壺，與棍棒博擊。相傳為彭祖所授，秘不外傳。連少林長老也賓服得五體投地。這個莊子的小小子們，自幼從師傅鍛練，小雞雞上都用棉繩弔一塊石頭，一走一恍當，真是一大奇觀。不過周遭十里八鄉的姑娘都不往這個莊子裏嫁。這個莊子是出過「鐵襠大名人」，但是，光棍特別多。這些惡俗多不光彩，這裡也就不說出自某村某莊了。

左圖為農村街頭常見的小菜攤、水果攤。右圖為走莊竄村打把式賣藝的農人。見自清末英美煙草公司發行的煙畫。

寫到這兒陡生感慨，這都是近百年前的往事。小農經濟反映到社會分工的層面，老「三百六十行」出現和經久行世的現象，實是封建社會的必然產物。筆者以親歷親見的農村生活百態，說古道今，「解剖麻雀」，正好為《三百六十行詳考》一書作了些詮證。

由於國共內戰的爆發，我二十多歲便攜全家老小遷居北京，另謀生計了。但是，因為生於桑梓、長於桑梓，桑梓故園的一磚一瓦、一草一木，依然長繫於心，對之有著深厚的眷戀之情。從四十年代末起，青縣農村經過「打土豪、分田地」、「合作社」、「人民公社」、「大躍進」、「吃食堂」、「三年自然災害」、「割資本主義尾巴」和「十年浩劫」，桑梓故里早已事事皆非了。幸虧文革以後「撥亂反正」，「包產到戶」、為「地富平反」、「解放農村勞動生產力」，「讓一些人先富起來」，三十年間，青縣發生了不可思議的巨大變化。八十年代，我重回青縣八里莊的時候，舊的茅屋瓦舍、綠野方田多已不見了，小樓新屋鱗次櫛比，一片欣欣向榮的景象。但對於一位歷盡滄桑的老人說來，舊日那些與平民生活息息相關的「五行八作」、走村串莊的行商小販和溫馨純樸的世態民風，也都隨著「農村城市化」的今天，消失得無影無蹤了。這使我忽然想起了

劉禹錫的一句詩：「懷舊空吟聞笛賦，到鄉翻似爛柯人」（《酬樂天揚州初逢席上見贈》）。

今日翻看《三百六十行詳考》書稿，有圖有文、圖文並茂、生動活潑地再現了舊日城鄉的風物人情和世間百態，使我這耄耋之人彷彿又回到了孩提時光，娛我之心，舒我之目。但憑零零散散地追憶，寫了以上文字，擬以七十多年前，余親自踐屨的《青縣民俗調查》記憶，為此書加注，並用作《代前言》。

九十健翁李蔭寰寫於北京右安門外寓中

2001 年 10 白 10 日

目次

上卷：「三百六十行」詳考——從煙畫
《三百六十行》看晚清的市塵風情

一、「三百六十行」的源起

在中國的口語和文字表述中，一提起「三百六十行」，無疑是對市井中的百工雜役、市廛諸業的一種泛稱。語意源於古代原始的、簡單的、屈指可數的社會生產分工。其含意可溯至原始社會的農、牧業分離和奴隸社會的「治人」與「治於人」的勞動分工。

「三百六十行」的提法，最早見於清代學者徐珂著的《清稗類鈔》，書中的《農商類》篇有一段文字稱：「三十六行者，種種職業也。就其分工而約計之。曰三十六行：倍之，則為七十二行；十之則為三百六十行。皆就成數而言。俗為之一一指定分配者，罔也。至三百六十行之稱，則見於宋田汝成《遊覽志餘》，謂杭州三百六十行，各有市語也」。

細考，田汝成者，字叔禾，浙江錢塘人氏。生於明憲宗朱見深在位時的成化十六年（公元 1503），卒年尚待考。田汝成並非徐珂所說的是宋朝人，而是明代的一位學者，嘉靖年的進士，一度官至廣西布政司右參議。著有《發樵紀聞》《西湖遊覽志》和《西湖遊覽餘志》等書。他的兩部《遊覽志》在描寫西湖市井民風的時候，使用了「三百六十行」一詞，高度地概括了杭州市井各行各業的繁榮昌盛。其後，自清季到民初這四百多年間，「三百六十行」的提法也就越來越普及，成為涵蓋全國各行各業的一種泛稱，就連民歌諺語中都有「三百六十行，行行出狀元」之說，成了婦孺盡曉的一句俗語。

其實，單從數字的表現形式來說，「三百六十行」的提法是隨著社會經濟文化的發展，有個疊加累進的過程。以見著文字的史料來看，它是從「兩行」、「四行」、「六行」、「十四行」、「二十四行」、「三十六行」、「七十二行」、「一百

二十行」、「二百二十行」、「三百六十行」，一直發展至「五百六十行」，「千行萬行」而無盡無休地擴大開來的！

「行」字考

即然研究「三百六十行」，我們不妨先從「行」字考談起。「行」字，是個多音字，它一共有五個讀音，分別可以讀為：háng、xíng、xìng、hàng、héng。這五個讀音不同，它的意義也不盡相同了。其中，最長用的有兩個就是 háng 與 xíng。

我們就先從「行（háng）」字說起，這個字的字型最早見自甲骨文中，它的寫法如下圖前兩幀所示。乍一看，儼然是一副十字路口的示意圖。所以，羅振玉先生在《殷墟書契考釋》中說：「行象四達之衢，人之所行也。」很顯然，這個「行」字是個古代的象形字，是道路的樣子，其本義也就是道路。

這個「行（háng）」字除了本意外，還引申出來了很多用法，例如：行列、行輩（輩分）、行伍等等。如果用作助詞，則如娘行、姊妹行、兄弟行、子侄行等。如果用作量詞，就是描述成行成列的東西，如「淚流成行」、「飛雁成行」。以上這些意義，都從道路的本義引申出來的。是從道路義引申出來的行列義，又從行列義引申出排行、行業等意義，如行業，同行、內行、外行、三十六行等。

據清代著名地理學家徐松編撰的《唐兩京城坊考》一文考證，唐代洛陽南市有很多叫「行」的街區，「行」是由很多商店構成的。這便是將「行」字用於商業和手工業分工領域的實證。到了宋代這個「行（háng）」字的使用便普及開來，如周輝所撰《清波雜志》、宋敏求的《長安志》、關漢卿的雜劇等都使用了這個「行」字。

當「行」讀 xíng 的時候，它便是行走之義。許慎在《說文解字》中稱：「行，人之步趨也。從彳（chì），從亍（chù）」，是個會意字，它的字形如同左腳邁一步，右腳跟著邁了一步的樣子。其本義是行走的意思。這個意思其實也是由道路引申出來的。而這個「行（xíng）」字，也引申出一系列的行列義，多用作動詞或與行動相關的名詞。如規律、經過、出動、出嫁、行裝、行程、運行、德行等等。

「行」字若依《廣韻》讀 xìng 的時候，它則是個姓氏。如依《集韻》所說的「行」字，讀 hàng 時，則為「行行（hàng hàng）」，形容性格剛強的樣子。如《論語》云：「子路，行行（hàng hàng）如也。」此外，「行」字還有一個特殊的讀法為 héng。這個音是專為「道行（héng）」而設，是說「道行（héng）清高」。

　　儘管如此，「行」的本意均出於「道路」。「道路」兩旁排列著各種店鋪和作坊，於是衍生出各種「行業」和「行當」的稱謂，這便是「行」的始作俑處。

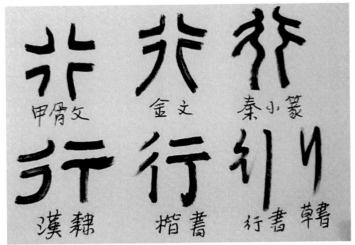

行字的甲骨文（商）、金文（春秋）、小篆（秦）、隸書（漢）、楷文（唐）和行書、大草。

兩行

　　我國有一則傳流很廣的民間故事說，有一天早上，乾隆皇帝想觀察一下民情，便與近臣劉墉一起登上了前門箭樓。低頭望下一看，只見人群熙攘、摩肩接踵，趕車的、步行的、提籃的、挑擔的、背著書包上學的、挾著公文趕路的、進城的、出城的，諸般匆忙，擁擠不堪。乾隆爺萬分感慨地說：「市廛這般熱鬧，百業振興，世間上得有多少種行業營生呀！」劉墉則應聲答道：「依臣看來，這些出出進進、忙忙碌碌的只有兩行人？」乾隆皇帝不解的問道：「怎麼只有兩行人哪？」劉墉連忙奏道：「一行是求名的，另一行是求利的。常言說，無名無利誰人願早起？世人奔波忙碌都是這兩行所驅！」

　　這個故事顯然是說書人的一種演義。其實，早在春秋時期就有了「兩行」之說。左丘明撰《左傳》中的《襄公九年》和《成公十三年》兩章中，就有了「君子勞心，小人勞力」，「君子勤禮，而小人盡力」的說法。他認為社會勞動的分工只有「兩行」，即腦力勞動與體力勞動的分工，也就是統治者與被統治者的分工。儒家對這一思想進行了粉飾，將「謀道」者與「謀食」者區分開來。他認為生產物質的體力勞動是平民百姓的賤業。而讀書人，用腦子思考問題的人則是高尚的。他們只須專心研習治國之「道」，不必去關心粱稷農桑，也不必擔心無食受貧。

漢磚拓片上的勞心者。

漢磚拓片上的勞力者。

故而，孔子在《論語》《衛靈公》篇中說：「君子謀道不謀食」。孟子更進一步將其概括為「或勞心，或勞力。勞心者治人，勞力者治於人，治於人者食人，治人者食於人，此天下之通義也」（見《孟子·滕文公上》）。這種把人分成只有「兩行」的思想，一直為歷代剝削階級所利用，對後世產生著很壞的消極影響。

其實，彼時的勞力者已有了百工雜役之分，《考工記》清楚地記錄了春秋時期，官營手工業中已有許多工種，如「攻木之工七，攻金之工六，攻皮之工五，攻染之工五，攻玉之工五，攻陶之工為二」等等。勞力者在這種技藝上的分工，有力地促進了城市的發展與工商業的繁榮。不過，在當時的統治階級眼裏，這類勞作者均視同低賤之人，並不把它們納入大的階級分類之內。

四行

戰國時期的齊國經濟比較發達，人的勞動分工和職業的增多，社會結構也就多樣化起來。晏子使楚，講述齊國都市繁華熱鬧「臨淄三百閭，張袂成蔭，揮汗成雨，比肩繼踵而在」，已證明在西曆公元前五百年的都市百業已具有了一定規模。齊國宰相管仲便將這些職業分工劃分為「士、農、工、商」四個大類，也就是「四大行當」。

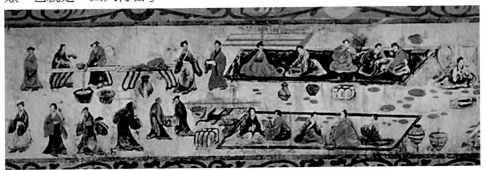

漢代帛畫《宴樂圖》中可以看出「士、農、工、商「四民有別的各色人物。

其中所謂的「士」，指的就是做官的和為統治階級服務的文化人。「農」是指種田的農民和平民百姓。「工」指的是手工業者，小作坊或手藝人。「商」是指從事商品貿易的人，或以茶樓、酒肆、客棧、布莊為職業的人。這四個「行當」是社會生活必不可少的。《管子》說：「士、農、工、商四民者，國之石（柱石）民也。」儘管如此，封建統治者一向是「重農抑商」的，他們認為商人有了錢便會亂政。而且，從皇帝到平民都認為商人是不勞而獲、投機取巧的行當，從來看不起他們。如果放任商人做大，就會引誘農、工傚仿，不務正業、田地

荒蕪，乃致傷風敗俗。所以，商人在「四行」中只能刁陪末座。

　　管仲在《國語・齊語》篇中主張，要讓這四行人分業定居。讓同一行當的人集中居住在一起，可以「相語以事，相示以巧」，「相語以利，相示以賴」。這樣就更有利於提高勞動效益，促進生產流通。同類型的人聚集一處，不僅促使從業者同氣相求，學術和技能更可以相互切磋促進，精益求精，與時俱進，共同提高。他們的子孫後代從小生活在一定的職場環境中，日夕薰染，世代相襲，可以子承父業，各安其居，更可以保持社會秩序的穩定。可以使每個行當裏的人，「少而習焉，其心安焉」。從而實現「士之子恒為士」、「農之子恒為農」、「工之子恒為工」、「商之子恒為商」。換而言之，也就是皇帝永遠當皇帝，官宦永遠是官宦，農工永遠是農工，賤民永遠當賤民，千秋萬代永遠不變。這種「龍生龍、鳳生鳳，老鼠的兒子會打洞」的門閥論、血統論，也就隨之成型了。

清代木版年畫《士農工商莊家忙》，反映出封建社會以農為本，亙古不變的固化思想。

　　晉代的重臣傅玄，他不僅贊同這種「四行」的劃分，還力諫皇帝司馬炎要規定和限定這四行人的人數，凡從事士、工、商這三行人要有一定的限額，不能少，也不能過多。如果士、工、商這三行人的人數超過了實際需要，那麼，就要依規減員，裁減下來的人統統「歸之於農」（見《晉書・傅玄傳》）。把他們下放到農村裏去，讓這些「冗員」都去務農、插隊、幹農活，從事農業生產。因為農業是國家的基礎，務農的人數自然是越多越好。

六行

「四行」的存在是以「皆專其業」、「各安其生」為前提而設定的。傅玄認為:「四民各有定業,而後民志可定;而民志一定,則天下大治也」。實際上,這種做法是行不通的。社會要向前發展,勞動分工就會越來越豐富,越來越細化。墨子提出,人總是「量其力所能至而從事焉」(見《墨子·公孟》)。只有細緻的分工和科學的管理才能把事情辦得更快更好。他用修建高牆時的分工勞作做出了一個形象的比喻,「能築者築,能實壤者實壤,能欣者欣,然後牆成焉」。正如王公大人們負責「聽獄治政」,「內治官府,外收斂關市山林澤梁之利」一樣,也是一種職業上的分工。

宋人王禹偁在太平興國八年(983年)榮登進士第時,曾《上太祖疏》說:「古有四民,今有六民。」是說,現在社會結構出現了變化,除傳統的士、農、工、商四個行當之外,現在又增添了兵勇和僧人兩個大的行當。那麼,從管理上就要增添新的辦法。

明代立國伊始,朱元璋就想將他統治下的臣民,重新都固定在「士、農、工、商」這四個行當之中,不想再增添新的行當,以期永保國泰民安。儘管他也承認釋、道、醫、卜諸行的存在,但是,他從自身經歷中取得的經驗,要求對這類人嚴加管理,不准他們走街串巷、四處游蕩,更不准他們穿州過府的到處雲遊,唯恐他們進行惡意串連,伺機生事。朱元璋在欽定《太祖實錄》上明確規定:凡是「有不事生業而遊惰者,及捨匿他境游民者,皆遷之遠方」。但是,隨著社會經濟的恢復,朝廷的控制也就日漸鬆懈了,平民百姓的流動性日趨頻繁,游民階層的數量也就越來越多。從事「磨金利玉、藻繢塗飾、繡文薰彩之人」的工作,也就成了民之所需,不再是可有可無的行當了。

司馬遷在《史記、貨殖列傳序》中,盛讚我華夏山河雄偉、地大物博:「夫山西饒材竹穀纑玉石,山東多魚鹽漆絲聲色,江南出枏梓薑桂金錫連丹,沙犀玳瑁、珠璣齒革、龍門碣石,北多馬牛羊旃裘筋角,銅鐵則千里往往山出基置、此其大較也。皆中國人民所喜好謠俗被服飲食奉生送死之具也。故待農而食之,虞而出之,工而成之,商而通之」。為了滿足人民的生活之需,必需推進社會分工,農、虞、工、商,諸行諸業的因需而生,是誰也阻止不了的。

十行

蒙古帝國入侵中國、盤踞中原,面南稱孤,當了皇帝的時候。他們對漢人施行著高壓的統治政策,視漢人如犬馬、操其命如草芥。建元之後,蒙人對漢

人施以苛政、刑罰、歧視和鎮壓,無所不用其極。元帝將治下的人民分為四等,第一等是蒙古人,第二等是色目人,第三等是漢人,對於南方漢人則劃為最下等的「南蠻」。同時,將城市中的執業者分為十個不同的行當。依次為:「一官、二吏、三僧、四道、五醫、六工、七獵、八娼、九儒、十丐」(見元鄭思肖撰《心史》)。

《全相平話五種》插圖中的元代農民工人和官兵的形象。右圖中的工人、農民和元代畫作中的工人農民服飾相差無幾。戴笠子帽和椎髻結巾的應當是漢族,圖一左下角兩個木工,從髮飾來看,應當是蒙古族。左圖中的軍官和兵卒,衣甲亦是元代的式樣,中間的四人衣著均為辮線襖子,為蒙古官吏所穿,除了盔式帽子,一般必在帽子上插一個雉尾,表示是蒙古人或是色目人。從服緯中可以看到當時階級的劃分。

　　他們把讀書人的地位壓到最下層,比娼妓還要低賤,僅高於叫花子的第九類。文革中,對知識分子稱為「臭老九」便是由此而來。我們從沈從文先生著《中國古代服飾研究》一書中,亦可以看到彼時階級的劃分。元時的讀書人在言論著述方面是受到嚴格的監管的,稍有不慎,便遭牢獄之災和屠毒之苦。不過,元朝的統治壽命並不長久,未及百年便壽終而夭了。

二十四行

　　明代萬曆年間,姚旅在其所著的《露書》中,將百姓劃分為「二十四民」,也就是二十四個行當。《明世宗實錄》載:「大約豪宦連田阡陌,其勢力足為奸

欺，而齊民困於徵求，顧視田地為陷井，是以富者縮資而趨末，貧者貨產而傭庸。」傳統「四民」中的「農，已不樂其生」，開始尋求新的出路，即富者趨末經商，貧者則貨產傭庸。姚旅提出的「二十四民」，就是在「士、農、工、商、兵、僧」之外，又新添了「十八個行當」。姚旅《露書》第九卷「風篇中」說：

> 余以為今有二十四民：借籍三清，專門符水，六民之外，道家又一民也。錢權子母，藥假君臣，七民之外，醫者又一民也。灼龜擲錢，自謂前知，著草梅花，動稱神授，駕言管輅，籠絡孔方，八民之外，卜者（占卜師）又一民也。手抱五行，口生七政，九民之外，星命（算命先生）又一民也。姑布樨孩，麻衣糟粕，十民之外，相面（相士）又一民也。尋龍（陰宅風水）第一，青鳥無雙，十一民之外，相地（音 kān yú，勘輿師）又一民也。技擅攻城，智慧略地，十二民之外，奕師（軍事參謀）又一民也。額瞬眉語，低昂在天，口頭赤手，空囊珠玉，堆於半壁，十三民之外，駔儈（音 zǎng kuài，牲畜交易經濟人）又一民也。生長煙波，慣聽風水，身寂岸飛，千里坐至，十四民之外，駕長（船工）又一民也。緩行如桎梏，飛步若甜飴，不惜一雙踏河山百二，十五民之外，舁夫（轎夫）又一民也。論斗不論星，論君不論民，始於五虎，終以翻龍，十六民之外，篦頭（音 bì tóu，理髮匠）又一民也。臭過鰒魚，香雲龍挂，錢乙何視，趙甲何薄，十七民之外，修腳又一民也。捏手捏腳，揣前揣後，十八民之外，修養（按摩師）又一民也。藏龜真傳，瘦馬捷法，粉胸翠足，螺黛朱唇，機關日練，媚態橫施，誘網滿前，貪坑無底，十九民之外，倡家又一民也。彼何人斯，居夫簾子，翠袖羅裙，曰男如女，兩兩三三，拔十得五，二十民之外，小唱（變童）又一民也。改頭換臉，世態備描，悲令人非，怒令人喜，廿一民之外，優人（娼優）又一民也。吞刀吐火，度索尋撞，聚眾山於目前，種瓜菰於頃刻，廿二民之外，雜劇（雜耍藝人）又一民也。游閒公子，俠骨豪民，家藏劍客，戶列飛霞，激游矢若驟雲，探囊金如故物，里羨其雄，官何敢問，廿三民之外，響馬巨窩（江洋大盜）又一民也。

如是在「六民」之外，加上「道士、醫者、卜者、星命、相面、相地、奕

師、馭儈、駕長、舁夫、篦頭、修腳、修養、倡家、小唱、優人、雜劇、響馬賊」等十八行，就變成了「二十四行」。至於「二十四行」的分工，清代王源將其中的「士、農、軍、商、工、役、僕」，前五者劃為「良民」，而後者則均劃為「賤民」。

依序分別為宋代的道士、僧人、儒士、僕人、農夫和漁夫的衣著形象（見自沈從文撰《中國古代服飾研究》一書的插圖）。

三十六行

「三十六行」的提法，見自宋人周輝所撰《清波雜志》，他指出自唐至今，市廛行業早已出現了「三十六行」。他在這裡所指的行業分工與以上所說的「四民」、「六民」、「十民」、「二十四民」等大的分類有所不同，而是專一指向商賈、技工之類的分工。正如《清波雜志》所記，彼時杭州市場繁榮昌盛的景象，即有：「宮粉行、肉肆行、成衣行、玉石行、絲綢行、珠寶行、紙行、鮮魚行、海味行、文房用具行、竹木行、茶行、酒米行、鐵器行、針線行、顧繡行、湯店行、藥肆行、陶土行、紮作行、件作行、巫行、驛傳行、棺木行、故舊行、皮革行、醬料行、網罟行、柴行、花紗行、彩輿行、雜耍行、鼓樂行、花果行」等等。這種分類已與近代所謂的「七十二行」、「三百六十行」等語意頗為相似的了。迄今，安徽鳳陽一帶流傳著的《花鼓調》，其中有一首歌唱《三十六行》：

> 一耕二讀三打鐵，四五使船磨豆漿，六木七竹八雕刻，九紡十染織布郎，十一裁縫做衣裳，十二是個補鍋匠，十三挑擔賣雜貨，十四打磨敲石忙，十五皮匠把鞋上，十六拉鋸大木行，十七和尚誦經卷，十八尼姑唱道場，十九道士呼風雨，二十僮子上香堂，廿一搖鈴來算命，廿二相面說短長，廿三長衫會打卦，廿四漁鼓唱黃粱，

廿五樵夫把山上；廿六郎中賣藥糖，廿七興至來唱戲，廿八打拳比弱強，廿九廟會賣武藝，三十修傘把雨防，卅一天晴磨剪刀，卅二修屋活最髒，卅三挑幡做執事，卅四重喪把槓槓，卅五是個剃頭匠，最後一行放牛郎。上行下行三十六，行行總出狀元郎，若問看牛哪一個？就是皇帝朱元璋。

煙畫《三百六十行》中「打連廂」和「唱鳳陽」。

筆者在研究古代民歌民謠時發現，各省各地謳歌「五行八作」的歌謠中，儘管詞句各有出入，但細數市井諸業的內容均大至相同。溯本求源，這類曲子皆出自明代民間的《花鼓調》。

據《明史外傳》載：朱元璋登基的時候，鳳陽老家的朱氏子弟們都敲鑼打鼓地唱著地方小曲兒，趕到京師祝賀。朱元璋十分興奮，當即刻傳旨，賞賜眾人吃喝和銀兩，又當著大家的面說道：「你們都是我的鄉親，如今我得了天下，不會忘了你們。以後，你們在家鄉，有福的，就去做父母官，無福的，就給我看陵守墓。做田的，不要你們交租稅，年老的，只管養頤天年。鳳陽人都會唱《花鼓》，你們就唱著《花鼓》高高興興地活著吧！」此後，鳳陽《花鼓調》應運大興，流傳全國。故然現傳的《花鼓調》中有很多批評朱元璋的詞語，如：「說鳳陽，道鳳陽，鳳陽本是好地方。自從出了朱皇帝，十年到有九年荒……」但是，謳歌皇帝朱元璋的詞語也不少。歌頌他從一個放牛郎起家，征戰一生，最終當上了一國之君。由此道出了不可輕賤「三百六十行」，「行行都能出狀元」的一句民諺。

七十二行

晚清儒人傅崇矩思想開放，提倡西學，關心時務，曾創辦了成都第一張科學性報紙《通俗啟蒙報》。著有近七十萬言的《成都通覽》，書中記錄了當時成都的社會萬象。對成都的風土人情、物產、飲食都有著詳盡地描寫。傅崇矩在《序言》中聲明：「以籍於成都而說成都」，擔保所說的內容「較切較實」。《成

都通覽》中記載了一共 114 種「行業」，並且配以圖畫，名為《七十二行現相圖》。這也是「七十二行」見著文字的一個重要的出處。

清人繪《七十二行現相圖》中的「阡腳」和「賣鹹魚」。

迄今，仍然流行的「四川金錢板」有說唱《七十二行》一曲，不僅唱出了「七十二行」的市廛風貌，還唱出了各行各業的祖師爺都是什麼人。筆者摘錄了其中的一小部分，也具有一定的研究價值。曲中唱道：

> 華夏大地五千年，七十二行出狀元，各有祖師代代傳。說行業，農為先，都說民以食為天，炎帝神農貢獻大。嘗遍百草為稼稷。說黃帝，道軒轅，能造漁網和車船。玉不琢、不成器，幼不上學不自立。說木匠，說石匠，還有棚匠泥瓦匠，建築行，人丁旺，追根朔源看祖上。魯班爺，造農具，錛鑿木鑽和斧鋸，趙州橋上過仙翁，打鐵匠，補鍋匠，燒磚瓦的是窯匠，供上老子爐火旺。燒窯人家盤火炕。手藝人，講義氣，不講價錢不講利，白吃白喝重情意。在人間，眾生相，五行八作說工匠，說了木匠說鐵匠，窯匠石匠泥瓦匠。白鐵匠，銅錫焊，大街小巷到處轉，焊活手藝賊熟練。皮匠鋪，供比干，紮彩活，紮花圈，列在廟堂掌旗幡。做木梳，供張班，蘇杭二州手藝專，豆腐匠子供劉安，做出豆腐包不沾。說的我，嘴巴酸，七十二行面面觀，哪行都有老祖先。……

近代教育家陶行知先生對這類民間小唱十分重視，他在《自動學校賀詩》中曾寫道：

> 有個學校真奇怪，小孩自動教小孩。七十二行皆先生，先生不在學如在。

位於河南省社旗縣賒店古鎮的山陝會館裏的七十二行祖師堂。

一百二十行

「一百二十行」的提法最早見於宋《宣和遺事前集》，文中稱宋徽宗「無日歌歡作樂，遂於宮中內列為市肆，令其宮女賣茶賣酒及一百二十行，經紀買賣皆全。」徽宗不理朝政，終日在宮中游樂，竟然想起命後宮的太監、宮女們扮成市井商賈小販，仿傚民間「一百二十行」，擺攤、設櫃，雜陳百貨，作交易買賣為樂。國事日衰，如何不釀成靖康之恥的慘劇哪！

其後，「一百二十行」的提法便流行起來，如元代關漢卿作的《金線池傳奇》之中，第一折戲文就有：「我想一百二十行，門門都好著衣吃飯，偏俺這一門卻是誰人製下的，忒低微也呵！」明代作家施耐庵在《水滸傳》中，也使用了口語「一百二十行」。書中第三回有句云：「見這市井熱鬧，人煙輳集，車馬駢馳，一百二十行經商買賣，諸物行貨都有。」可以推測「一百二十行」這句話，在宋、元、明三朝的數百年間也是個應時俗語，並且被文人認可，納入了自己文章的筆墨之中。

在宋徽宗主持的宮廷畫院供職的畫家張擇端，精心繪製了長卷《清明上河圖》，他運用了「散點透視法」描繪了開封內城和城郊的繁華景象。仕、農、商、醫、卜、僧、道、胥吏、婦女、兒童、篙師、纜夫等人物及驢、牛、駱駝等牲畜無數，栩栩如生，呼之欲出。畫中的人們都在忙忙碌碌，趕集、買賣、閒逛、飲酒、聚談、推舟、拉車、乘轎、騎馬，各有生計。畫中大街小巷，店

鋪林立，酒店、茶館、點心鋪等百肆雜陳，還有城樓、河港、橋樑、貨船，官府宅第和茅棚村舍櫛次林比、齊肩密集。據齊藤謙《拙堂文話》統計，畫中共有人物 1695 人之眾，各種行當約二百之數。各種牲畜六十多匹，木船二十多隻，房屋樓閣三十多棟，推車乘轎也有二十多乘（《拙堂文話》大概是以臺北故宮的《清明上河圖》藏本統計的），令人看罷，拍案稱奇。

宋代畫家張擇端繪《清明上河圖》（局部）內有各種行當約二百之數。

一百三十二行

明代舉人沈榜在任順天府宛平知縣時，留心經濟時事，搜集地方掌故，細勘署中檔冊文獻，以「識天下戶口、厄塞、風俗、政治盛衰」的需要，編纂了《宛署雜記》二十卷。此書為研究明代北京的社會經濟、政治制度和風俗掌故的珍貴資料。他在書中指出，萬曆年間，為京城生活服務的「鋪行」共有一百三十二行。他在書中寫道：

> 典當等一百行本多利重，應屬商人經營之列，其餘三十二行均屬平民以微資覓微利的行列，如網邊行、針篦行、雜糧行、碾子行、砂鍋行、蒸作行、土鹼行、豆粉行、雜菜行、豆腐行、抄報行、囊擎行、荊筐行、柴草行、燒煤行、等秤行、泥罐行、裁縫行、字行、圖書行、打碑行、鼓吹行、抿刷行、骨簪羅圈行、筆繩行、淘洗行、箍

桶行、泥塑行、媒人行、竹篩行、土工行等。肩挑手提者不在此列。

沈旅的「一百三十二行」之說並未流行推廣，但他的計算方法並非空穴來風，而是很嚴謹的依據京畿重鎮宛平縣縣署的工商登記統計出來的。筆者錄之於此，謹供民俗研究者參用。

二百二十行

北宋作家宋敏求編撰的《長安志》記載：洛陽東市「內貨財二百二十行，四面立邸，四方珍奇，皆所積集」。清代著名地理學家徐松編撰寫的《唐兩京城坊考》，也記載了洛陽南市的市井風貌。

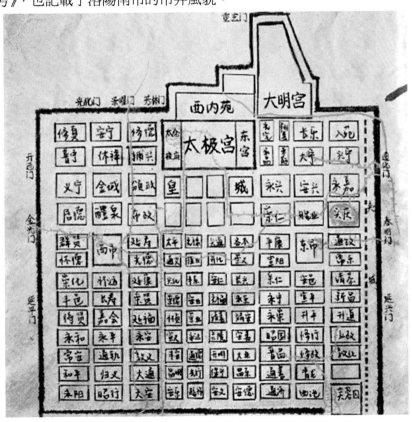

唐代長安都市宮室市井街道圖。

文中稱：「唐之南市，隋曰豐都市，東西南北，居二坊之地，其內二百二十行，三千餘肆，四壁有四百餘店，貨賄山積。」文中考證洛陽南市有很多叫「行」的街區，「行」是由很多商店構成的。龍門石窟中也有不少像龕也是洛陽各個行業商人出資開鑿的，例如，絲行像龕、香行社像龕、彩帛行淨土堂等，說明許多行業的商人也都有財力參加石窟的修鑿工程。可見當時商業的昌盛

和發達。有了錢的商人便開始投入大型的公益建設和慈善事業。

北京房山雲居寺發現的唐代石刻佛經中，也有不少關於「二百二十行」的記載。如：「幽州范陽郡（今北京城區西南）有眾多商行。包括米行、白米行、大米行、粳米行、屠行、五熟行、肉行、油行、果子行、炭行、生鐵行、磨行、染行、布行、絹行、大絹行、小絹行、新絹行、小彩行、絲帛行、雜貨行、肉行、果子行、椒筍行、染行、靴行、雜貨行、新貨行等等，花樣繁多。此外，經版中還記載了大量的行會，如絹行、布行、米行、生鐵行、肉行、油行、果子行、靴行」等，這也是十分罕見的。

清代手繪的「七十二行行色圖」的局部。

三百六十行

　　實際上明代中期「三百六十行」之語已十分風行。社會分工的擴大，進一步促進了工商業的發展與城鎮的繁榮，也由於西方經濟和洋教的滲入，資本主義性質的生產關係和交易行式也已漸露頭角。但是，由於封建統治者推行崇本抑末的政策，一般士大夫深受宋明理學的影響，不言利慾，不習生產技藝，不諳社會經濟生活，致使社會分工的擴大僅在很少思想家的著作中有所反映。明代陸楫在《兼葭堂雜著摘抄》中指出：分工擴大導致商品經濟活躍，富人的消費慾望增長，「彼以粱肉奢，則耕者，庖者分其利；彼以紈綺奢，則鬻者，織者分其利，正孟子所謂通功易事，羨補不足者也」。他認為分工擴大能促使百姓生計增多，民殷方能國富。他在《消夏閒記摘抄》：「即以吾蘇而論，洋貨、皮貨、紬緞、衣飾、金玉、珠寶、參藥諸鋪，戲園、遊船、酒肆、茶店，如山如林，不知幾千萬人。有千萬人之奢華，即有千萬人之生理」，「此天地間損益流通，不可轉移之局也」。

《金瓶梅詞話》插圖中西門慶家的綢緞鋪。

《古代傳奇小說插圖》中《北關夜市》的各種小商鋪。

　　到了清代，國民經濟有了更大的發展，「損益流通，更不可逆轉」。徐珂在

《清稗類鈔》記有「商店」一條稱：

> 種類甚多，今略舉之。一、食料店。如米行，米店，雜糧行，豆行，蜜餞店，糕餅店，點心店，鹽棧，糖行是也。二、飲料店，如酒行，酒店，醬園，油坊，茶葉店是也。三、燃料店。如香店，燭店，爆竹店，柴行，煤炭行是也。四、染料店。如靛青行是也。五、建築用料店。如竹行，木行，甋瓦行，石灰行是也。六、衣飾店。如衣莊，帽莊，襪店，靴鞋店是也。七、妝飾店。如首飾店，珠寶店，香粉店，梳篦店，鏡子店是也。八、織物店。如棉布莊，夏布莊，綢緞莊，綿綢莊，顧繡莊是也。九、玩物店。如骨董店，幼稚遊戲品店，象牙雕刻店是也。十、金類店。如金店，銅器店，鐵行，冶鐵店，銅絲鐵絲店，剪刀店，洋鐵器店，錫器店，錫箔店是也。十一、毛革類店。如羊毛行，雞鴨毛行，皮貨店，牛皮行，皮梁店是也。十二、繭棉絲蔴類店。如繭行，棉花行，絲行，線店，麻行是也。十三、畜牧漁撈及種植類店。如豬行，豬肉店，羊行，羊肉店，醃臘店，火腿店，雞鴨行，鮮味行，海味行，水果行，蔬菜行，水旱菸店，藥行，藥店，參號，漆店是也。十四、文房具及書籍書畫類店。如筆墨店，硯店，紙店，書坊，碑帖店，書畫店，裝潢店，顏料店是也。十五、竹木藤及其他製造類店。如竹器店，木器店，藤器店，瓷器店，大小缸罈店，樂器店，眼鏡店，燈鋪，蓆店，傘店，毯子店，枕墊鋪，箱子店，秤店是也。十六、雜貨店。如京貨店，廣貨店，洋貨店，北貨店，南貨店，山貨店是也。

其中商品甚多，大別之則有七。一、農產品，為米、麥、豆、高粱、棉花、麻、茶、果品、藥材、藍靛、漆液。二、林產品，為竹、木、樟腦。三、水產品，為魚、海味、珊瑚。四、畜產品，為羊毛、駱駝毛、雞鴨毛、皮貨、牛皮。五、蟲產品之大要，為介蟲產品、卵蟲產品。為珠與玳瑁。為蜜與白蠟、黃蠟。六、礦產品之大要，為金屬品、非金屬品。金屬品為金、銀、銅、鐵、鉛、錫、銻、鎳、錳、鋅、水銀、硃砂。七、工產品之大要為紡織品、書寫品、製造品、消費品。紡織品為布、絲、綢、緞、絹、紗、羅、綾、錦、繡貨。此外，閉關時代有鹽商、質庫和木商三大行，隨之衍生出典質業、骨董業、爐房、信局、書肆、文具業、藥業等無數行當，罄竹難書。這些商品、產品，從種植、收成、開採和製作，需要無數能工巧匠艱辛的勞動和精心的處置，方能成為人們喜聞

樂見、美觀耐用且經濟實惠的商品羅列於市。這些能工巧匠可謂術業有專工、各盡其心、各司其職。俗謂「三百六十行」，何以囊括其盡者也！是謂「三千六百行」、「三萬六千行」也不足道哉。所以說「三百六十行」只是個泛泛而談的虛數而已！

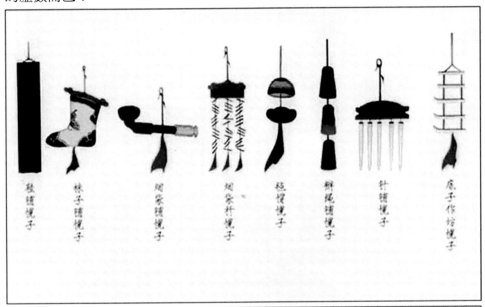

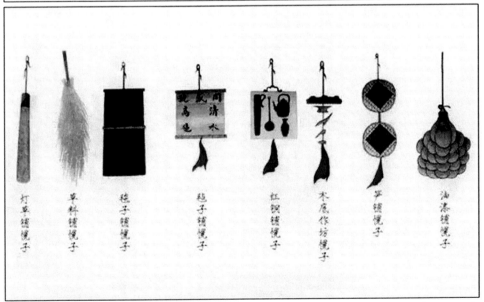

古代各色商鋪的市招幌子。市招幌子作為商業廣告的一種最古老的形式，其設計形象具體，起著說明商鋪主營業務，以達到招攬顧客的作用，幌子在商業貿易中起著相當重要的作用。

　　早在民間流傳的《魯班書》中，談及市井「三百六十行」時，還有一種說法，稱之為：「金、皮、漂、澄、風、火、雀、耍、財、馬、利、誇，每字管六門，共七十二門。每門管五行」，總計為三百六十行。所謂「金、皮、漂、澄、風、火、雀、耍、財、馬、利、誇」，是一種江湖術語。用江湖術語來劃分百業分工，也是中國封建社會的一大特色。例如，金匠、銀匠、銅匠、鐵匠、錫匠、小爐匠，因稱其字首係金字旁，所以屬「金」字類所轄。那麼首飾樓、錫蠟鋪、補鍋的、鋸碗的、剁釘兒的、製針的和釘馬掌的、磨剪子搶菜刀的，因與金屬器皿有關聯的行業和技藝，也都納入「金」字行中的不同門類當中了。又如「皮」字門類，鞣皮製革、裘皮店、羊皮店、抄手店、皮貨店、靴鞋店，包括皮箱、皮釘、單皮鼓、胡琴製造等也都納入其中了。如是每字管六門，共七十二門。而每門又管轄五行，匯總便是「三百六十行」。按照這種數字分類統計的方法，「三百六十行」也就基本確立了。據說，清代山、陝、豫、晉等地的地方衙門在進行工商行會登記時，就採用這種造冊辦法。不過，這種提法並不普及，且帶有江湖氣，政府並不提倡。

　　如今從話本、鼓曲、演義、小說等文學作品，如唐宋筆記、元明雜劇，《金瓶梅詞話》，《水滸》《拍案驚奇》《紅樓夢》等文學作品中，也能看出「三百六十行」在民間社會生活中的活動和遷變。但是，專門記述民間「三百六十行」的書籍、圖冊並不多，與汗牛充棟的五經四書相較，簡直寥若寒星。

二、「三百六十行」的蘇醒

　　我國封建社會歷經的時期過長，限制了經濟生活的發展。在董仲舒「罷黜百家，獨尊儒術」的思想禁錮下，有關勞動人民生活和生產技藝方面的文字著述極少。有幸傳留至今的《齊民要術》（賈思勰著）和宋應星的《天工開物》，可以說是我國早期有關「行業」門類書籍的碩果僅存了。

　　但是，歷代傳留下的岩畫、石刻、秦俑、漢磚、漆描、絹繪、書畫、雕塑和民間藝術作品中，為「卑賤者」的立型造像俯遺盡是。我們很難忘記先民岩畫上刻畫的驅犬狩獵的獵戶和扶犁耕種的農夫，難忘秦皇墓中的那些忠於職守、持戈待旦的士兵和馬伕，難忘漢代磚拓上灶前烹飪的廚役，和敦煌壁畫中身姿婀娜的舞伎與樂師。也很難忘記，大足石刻中的供養婦和飼雞人，晉祠中的婢女及廣勝寺壁畫中粉墨登場的忠都秀。這些接近於平民大眾，源自日常生活的藝術造型，不僅使人過目難忘，還能將人們帶進彼時彼景的社會生活的歷史長河當中。

　　仔細品味起來，「三百三十行」這一稱謂是有一侷限性的。其獨特的自然屬性和文化內含，僅反應出我國漫長的封建社會制度所形成的農耕經濟形態，社會生產力和生產關係構成中的社會生產、流通和人群工作的形象表述。若從秦始皇確立封建制之時算起，到辛亥革命勝利，滿清王朝遜位止，一共經歷了2132 年。在這漫長的歲月裏，勞動人民在艱苦的實踐中，日積月累的創造發明，無不閃爍著智睿的光芒。但在農耕經濟的束縛下，生產力得不到充分的發展。且有發展，亦被歷代戰亂和異族的入侵破壞殆盡。換來的只是朝代的更迭和反反覆覆「振興經濟」的讓步政策。傳統的「三百六十行」，一直處於維繫

人們衣食住行的農耕手工業分工狀態。

鴉片戰爭，列強的堅船利炮打破了國朝「唯我獨尊」的癡夢。海洋文化洶湧澎湃地衝破了閉關鎖國的長堤。新思想、新文化、新技術、新工藝魚貫而入。這一切來的是如此猛烈，使錢莊的小老闆直面世界資本大亨；使赤足的腳夫去追逐奔馳的汽車；使憨厚的捎書人，直瞪瞪地看著郵局、電報；使盤腿坐在炕頭上搖著紡車的老嫗，驟然面對急轉的紡織機，除了驚詫、手足無措外，只有無奈與歎息。傳統的「三百六十行」，在殖民經濟的威攝下，顯得是那樣蒼白無力。恰在此時，國事攘亂，狼煙烽起。列強入侵、拳民恣肆、變法失敗，革命四起。民國之後，又是軍閥混亂，兵燹肆虐、城頭幻幟，民如魚鱉。人民攪於水深熱之中，朝不保夕，生死未卜，民生無定，談何諸般民俗、技藝，這些隨時隨刻都面臨著消亡的境地。且一旦消失，則永無恢復之望。也往往就在這一時刻，人們才突然發現，那麼多平日不堪一顧的「三百六十行」，竟然是那樣美侖美奐，那樣的精彩地道，那樣的寶貴，那樣的「國粹」！有識之士，就放下其他的偏愛，開始去關注它，研究它。去寫它、畫它，吟詠它，宣傳它，甚至想保存它，挽留它。清末民初，一度出現了重視和研究「三百六十行」的高峰。

在十九世紀末、二十世記初，呵護民俗的作品何其多也！富察敦崇的《燕京歲時記》、夏仁虎的《舊京瑣記》、李光庭的《鄉言解頤》、顧祿的《清嘉錄》、徐珂的《清稗類鈔》，尤其是大文豪黃遵憲的倡導和張亮采的《中國風俗史》，揭起了民俗、民藝研究的旗幟。以上的著作中，他們對五行八作，世態民風進行了詳盡的描述，寫得是那樣癡情、那樣的投入。更有細心人，如光緒年間的閒園鞠農蔡繩格（字省吾），還有一位同治年間的漢嚴卯齋主人（姓名無考），他們分別寫了《一歲貨聲》和《貿易》兩書，竟將一年四季行街小販的吆喝聲，奉如「天籟」一般，一一記錄在案，欲使這些有節奏、有韻律的心聲，長期地保留在人們的記憶中。

另有楊米人、學秋氏等人著有《都門竹枝詞》《燕九竹枝詞》等，用通俗的詩詞，謳歌著市民的喜怒哀樂，民藝民風；更有錢慧安、吳友如、符艮心、周慕橋。孫蘭蓀等民俗畫家，把「三百六十行」中的典型事物繪入丹青，印成年畫和畫報，廣泛流傳。「筆墨盡入時人眼」，「飛進尋常百姓家」。廉增祥、點石齋民間出版社為這一題材的傳播，可謂功績赫赫。正是在這種環境氣氛下，煙畫「三百六十行」已呼之欲出了。

此中國燒包袱之圖也每年清明七月十五日
十月初一日各住戶供包袱內裝燒紙銀錢上
寫上三代名字號單祭之也

此中國打糖鑼之圖也其人小本營生所賣者
糖棗豆食棗並碎小玩物以為哄幼孩之悅者
也

清人繪《七十二行歲時圖》中的「燒包袱」和「打糖鑼」。

三、煙畫《三百六十行》盛裝登場

　　1875 年，美製紙卷香煙與隨煙贈送的香煙畫片一同進入了中國。精美的七彩石印煙畫——這一嶄新的傳媒躍入了國人的眼簾。吸慣了國產旱煙、水煙的人們，一邊如癡如醉地吸著西洋進口的紙卷香煙，一邊欣賞著精美的香煙畫片，品味著域外的風光民情，這種享受真若神仙一般。時人蘭陵憂患生在《京華百二竹枝詞》中有詩云：

　　　　貧富人人抽紙煙，每天至少幾銅元。蘭花潮味香無比，冷落當
　　年萬寶全。

　　足證香煙與煙畫在中國的盛行。外國煙商為了更吸引中國的煙民，很快就把煙畫上的西女洋男、外國山水免去，開始印製清末美女、華夏風情。此一改變，頓時奏效，使洋煙充市，煙民倍增。1903 年，日商村井兄弟株式會社隆重推出了一套描繪市井風情的煙畫《三百六十行》，是一部近代廣告史和民俗史中的不朽之作。這套煙畫共四十枚，規格為；36x64mm，七色精印，背子印有日本村井兄弟商會社的孔雀商標。畫中所描繪的清朝末年的市井行業有：吹糖人、賣油糕、鉸臉修面、賣耍活、耍猴兒、板兒匠、大木作、猜枚賣糕、遊醫、木偶戲、賣糖餑、賣粽子、賣甜秫、賣塘報、賣花兒、收破爛兒、張天師、雪花酪、賣酥糖、賣絨線、箍盆匠、賣金糕、炸豆乾、換饅做醬、瞎子說書、賣西瓜、賣山果、賣南糖、取耳、相面、猜枚賣果、賣鮮藕、修鞋、縫窮、賣經券、祝由治病、賣大力丸。這四十種行當，都是舊日中國都市鄉鎮、市井民間，日日目睹、朝朝可見的事物，每幅畫面都極富生活氣息。

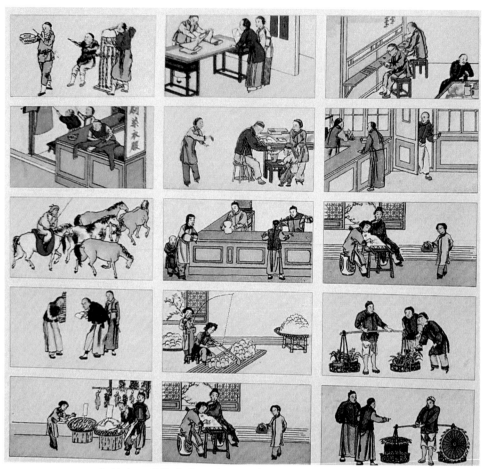

日商村井兄弟株式會社發行的部分煙畫《三百六十行》。

從中人們可以看到市井之中的小商販、小藝人們的勤苦認真、虔誠敬業的勞作；可以看到里巷婦姑的純樸勤儉、論錙計銖討生活的模樣；可以看到百姓匆匆忙忙、「庸庸碌碌」、為衣食奔波的艱難；同時，也可以看到那些滿足芸芸眾生的零嘴小食、習俗娛樂，平凡與祥和的歡愉快樂。生動地勾畫出一幅「不知有漢、無論魏晉」、「白髮垂髫、怡然自樂」的田園風景。因之，這些小小的煙畫深受平民的喜愛。一張畫片，一傳十，十傳百，文人雅士觀之，贊其風致古樸，記民以實。平民百姓觀之，樂其你儂我儂、鄉土在茲。販夫走卒觀之，似己似彼，相顧可笑。耆老婦孺觀之，近己親民，愛不釋手。

四、煙畫《三百六十行》問世的始末

　　煙畫「三百六十行」的問世是一件很了不起的事，它是日本村井兄弟株式會社在對中國消費市場進行了充分地科學調查和研究分析後，才拍板定案進行繪製審定，隨著名牌香煙定向發行的。這一過程的主持人是公司董事長村井吉兵衛。

村井吉兵衛

　　村井吉兵衛（Murai Kichibei，1864～1926），日本明治時代著名的企業家，「煙草之王」。

村井吉兵衛小照。

上圖為村井吉兵衛重金聘請的日本商業廣告大畫家伏木英九郎精心繪製的「孔雀牌」香煙廣告。

　　村井吉兵衛 1864 年出生在京都的一個小煙草商的家庭，其父因為本小利微，經營不善，淪於破產。村井吉兵衛九歲時，他被叔父收養，開始隨叔父一起販賣香煙。時值明治初期，百廢俱興，一片生機。長成青年的村井吉兵衛精明能幹、勤勞奮發，販賣香煙的生意越做越大。在一次偶然的機會，吉兵衛接手一間破了產的小煙廠，開始製造紙卷香煙。他在一位美國工程師的合作下，從美國直接進口美國俄亥俄州的白肋煙葉，並集資引進了數臺捲煙機，製造了味道精良、足以與進口香煙媲美的「忠勇」牌香煙，暢銷之盛，享譽日本。五年後，村井兄弟株式會社已成為日本最大的煙草企業。他的香煙製品在 1900 年舉行的巴黎世博會上獲得了金製大獎。1895 年，他看準了中國的巨大市場，便在上海浦東投資，建起了村井煙廠。

大清國慈禧皇太后的御照。

上圖為村井吉兵衛重金聘請的日本商業廣告大畫家伏木英九郎參照慈禧皇太后御照身後的孔雀屏風，精心設計的「孔雀牌」香煙招貼，實可謂用心良苦。

　　村井吉兵衛在商戰中的成功，最重要的優點在於他本人一直立足於一線，大小事，事必親恭。他經常出現在煙草車間參與勞動，與工人和技術人員一起解決生產與管理的大小問題。他對煙草工人噓寒問暖，關心他們的生活與需求，營造出「工廠乃是吾家」的團體觀念。另外，他特別重視對產品的廣告宣傳。公司首創了以音樂劇表演的形式，有聲有色地在街頭宣傳。同時，注重市面廣告及露天大型廣告牌的安裝和繪製。他還學習引進了美式有獎促銷方式

來擴大產品的影響。他尤其注重香煙外包裝與香煙畫片的設計和印刷，從而，給消費者帶來了高顏值的、摩登的、精緻的廣告、招貼和精美的香煙畫片。在公司現存的檔案記載中，凡是宣傳計劃書和廣告的原始畫稿上，都有吉兵衛的親筆簽字。

村井兄弟株式會社通過上海村井煙廠開拓中國市場，皆是在日本駐華公使館商務辦公室提供商業信息的幫助下，公司根據中國人和中國皇室的至尊慈禧太后的喜愛，選定了「孔雀」為領軍品牌，作為在華攻城奪池的火力炮彈。這個品牌產品所附的香煙畫片，也一改「洋裝」而換上了「東方佳麗」和「揚州百美」等香煙畫片，深得中國煙民的激賞。他重金聘請了日本著名廣告畫家伏木英九郎，根據慈禧皇太后身後屏風上的孔雀，繪製了一系列招貼廣告，使「孔雀」牌香煙在華一炮而紅，成了響噹噹的名牌。當日本公使向太后祝壽時，獻上了「孔雀」牌香煙時，頗獲她老人家的青睞，她曾對貼身女官裕德齡說：「只要是新鮮的玩藝兒我都願意試試，尤其是這種外邊人不會知道的事情。」這是早期日本商戰史上最有效的一次公關範例。

在中國「上有好者，下必甚焉」。太后喜歡，後宮內眷、皇親國戚、公爵貝勒、文武大臣、內外近侍，也都把「孔雀」香煙當成最貴重的東西，用來享用或作為交際饋贈的禮物，因而盛行一時。上層社會的嗜好一旦傳入民間，便會形成一股熱潮。「孔雀牌」香煙頓時熱銷起來，成了一包難求的尤物。日本村井兄弟煙廠不僅名聲大噪，香煙的銷量也加倍遞增。

公司為了進一步擴大業務，在吉兵衛的指導下，廣告部開始籌劃更能迎合中國平民市場的宣傳題材——開始策劃發行《中國三百六十行》煙畫事宜。日本有句俗語說：「三百六十行，行行有其道」，「入了行，就要把它做精做好」。日本國民性專伺本職的敬業精神，一向為世界人民所稱道的。「三百六十行」一語雖然源自中國，但在日本一直奉為神旨。平民出身的吉兵衛深諳此道，而且將「終於職守、不負其行」當作座佑銘的信條而終其一生。他深知中國人對「三百六十行」的鍾愛與自己的踐行一致，則更為甚之。主題既定，那麼，聘請哪一位中國畫師來擔此重任呢？

吳門畫派

彼時日本人十分崇拜上海的民俗畫師吳友如，他是中國時事新聞風俗畫的開山鼻祖。吳友如繪製的《點石齋畫報》和《飛影閣畫報》在日本也十分流行，甚至成為日本學習繪畫的教材之一。但是，吳友如在光緒中年便因病故去

了。他的弟子周慕橋和同事何吟梅、張志瀛、田子琳、沈心田等人繼續發展了「吳派」的畫風，在編繪出版《飛影閣畫冊》《吳友如畫寶》之外，還參與了上海小校場和蘇州桃花塢年畫的創作。同一時期，畫家錢慧安的風俗畫也頗享盛名，從者甚眾，如沈心海、曹華、徐小倉、曹鍾秀等人，也都是「宗吳而師錢」的繼承人。

近代民俗畫家「錢派」宗師錢慧安小照。　　近代民俗畫家「吳派」宗師吳友如大弟子周慕橋小照。

村井煙廠禮賢下士，開始向「吳派」和「錢派」子弟徵集《中國三百六十行》畫稿。先是向聘請人說明整體構思，尺寸和選題。初選後，重金購回日本，呈請董事長再次遴選審閱。吉兵衛以「近民」、「簡約」、適於煙畫風格的標準，選出了第一批作品共 40 幀。送到專門印製精品廣告的德國海德堡印刷公司製版印刷。足見吉兵衛先生對這件事的重視，不惜工本、精益求精。據美國經濟史學者高應龍先生的研究，當年一枚七彩精印的香煙畫片幾乎與一包高級香煙的成本相同。（注：1899 年，吉兵衛的東洋印刷株式會社在京都市東山區本町開業，最初只是進行平版印刷。1904 年才開始自行印刷香煙盒和七彩煙畫）。享有盛譽的村井煙廠在 1902 年鄭重地推出了煙畫《中國三百六十行》，並附增於名牌「孔雀」香煙之內，使「孔雀」香煙如虎添翼，轟動一時。通過煙畫《中國三百六十行》的發行，將吉兵衛先生的「香煙平民化」的戰略思想推向了新的高潮，煙畫《中國三百六十行》也為日本煙廠佔據中國市場立下了功不可沒的汗馬功勞。

隨著 1904 年 7 月，為日俄戰爭籌措資金而生效的《煙草專賣法》，迫使村井兄弟株式會社改制，並為國際壟斷企業英美煙草公司所吞併。儘管如此，接盤的英美煙草公司也沒有放棄煙畫《中國三百六十行》的宣傳創意，並繼續發揚弘大這一主題，十年間，接二連三地推出新的《中國三百六十行》煙畫。一共達到三百多枚。畫盡了晚清的五行八作、市廛風情，以及平民的吃喝玩樂、市井民風。這套煙畫規模之大，印製之精美，散發之多，文化內涵之豐富，而且發行時間長達二、三十年之久，影響之大，實難估量。

裝有《中國三百六十行》煙畫的《品海牌》《人頂球牌》《海盜牌》香煙在中國各地廣泛銷售。

有人說這套《中國三百六十行》煙畫是日本人的設計和製作，不應該鼓吹宣傳。竊以為日本人的創意並不影響《三百六十行》自身特有的魅力。而是更說明了「越是民族的，就越是世界的」這一道理。縱覽煙畫《三百六十行》的問世，也正是在清末民初這一歷史大變革時期的必然產物。在攝影技術尚未普及的時代，這些繪聲繪色的方寸圖畫，為我們進行民俗研究和圖史研究這一課題，提供了生動的圖證。

五、時人酷愛煙畫《三百六十行》

時人何以如此喜愛這一題材，而且百看不厭呢？

從社會心理學的角度來看，人們對熟悉事物的留戀，對有可能消失或已經消失了的事物的回憶，是迴避動盪的現實，嚮往安定平靜生活的一種心態表現。越是生產力與生產關係激烈衝突，造成社會動盪不安之時，人們的這種自愈心態就越為突出，形成群體的共識，便產生了共同的追求與愛好。

從民俗學角度說來，「三百六十行」這一題材，源於生活，表現生活，服務於生活；內容活潑可愛、儀態萬千，是人們喜聞樂見，最適合不同層次的人群所接受。它具有廣泛的人民性。知識階層欣賞它，是將其視為千百年的文化積沉，民族的文化遺產，既是傳統，又是「國粹」；勞動階層欣賞它，是因為看到社會對其勞動的肯定；老人們欣賞它，從中可以咀嚼出舊日的溫馨；兒童們喜歡它，是可以知道更多更生動有趣的故事；市井平民喜歡它，從中可以看到自己工作的身影，家庭主婦認真地端詳它，可以想起日間與小販爭斤鬥兩的情趣，而忍俊不已……。

首先，「三百六十行」的載體是極具功利性的商業促銷的傳媒、煙業大戰中的「利器」——煙畫。它的作用是以「售香煙，贈煙畫」來爭奪消費者的青睞，因此，煙畫上所印刷的圖畫，也必須是廣大消費者最喜聞樂見的內容。廣告決策者之所以選擇了「三百六十行」這樣題材來印製煙畫，恰恰說明了存在於人民群眾中刻不能離的衣食住行，才是他們最熟悉的，也是他們最喜愛的內容之一。作為商品的香煙，也正是要向這一人群進行推廣銷售。試想，一位石匠、一位木工、或一位店鋪的小老闆在吸煙時，忽然看到一張印有各業同行們

工作情景的畫片時，會想到社會對其勞動的承認，心情是多麼地舒暢啊！相應，對所吸香煙的品牌也就增加了一重親切感。在商業行為中宣傳民俗文化，在民俗文化的氛圍中，又促進了商業活動，這也就是商業文化的互動作用。

再者，香煙畫片上的「三百六十行」與其他刊本「三百六十行」的不同之處，更在於它以最「俗」的形式、最「俗」的方式、進行最廣泛的傳播。一包香煙一張畫片，煙民無數，畫片無雙。小小的畫片隨著煙民隊伍的無限擴張，它們飄洋過海，翻山越嶺，從都市城鎮到集鎮鄉村；即能登堂入室，面見達官顯貴；也能委身屈就，探訪窮漢貧婦。它們隨著香煙騰雲起霧，傳諸婦孺老幼；它們隨著煙買商販，日夜兼程，走向大江南北。

從美學角度說，「三百六十行」題材傳統、內容厚重；它描摹的是社會底層的負重與抗爭，聆聽著卑微者的憤怒與呻吟；它的主題是激越、悲愴、皆源於民眾的心聲。因此，它極具引人眼球魅力。

「五四」運動之後，中國民俗學得到大力的發展與提倡。有為之士齊聚一堂，劉半農、周作人、沈尹默、沈兼士、錢玄同等學者，開風氣之先，帶頭采風，筆耕著述，北大、中山、浙大眾學人逐雲烘月，將單一的民歌採集，發展到科學的風俗調查、方言調查，民間工藝調查，直至民俗實物收集、整理、宣傳、展示。他們對煙畫「三百六十行」的出現也是讚不絕口。在印刷品和照相術尚不發達的年代，這些內容豐富、印製精美的小畫片，不僅迷倒了無數的長幼婦孺、平民百姓，也引起了無數詩人、畫家、學者、學人的熱切關注。胡適、周湘、魯迅、梁實秋、周瘦鵑等文壇巨匠，對煙畫的收集也都有著濃厚的興趣。詩人周湘曾在自己的著作說過，他每當搜集到一枚自己渴求的香煙畫片時，「就像遇到了日思夜想的戀人，或是得到了一個肥缺一樣」欣喜若狂。許廣平曾在《文萃》上著文說：魯迅先生也很喜歡煙畫。她說：「那時的生活真有趣，各大煙廠都爭著贈送煙畫。什麼《七十二行》《二十四孝》《封神榜》《西遊記》……無所不包、應有盡有。魯迅先生每每打開一包香煙，都把裏邊的畫片抽出來仔細地把玩一番。然後鄭重地收起來，留著贈送給那些喜歡收藏的朋友們。」

在人們重溫昔日「三百六十行」餘馨的影響下，煙畫又出現了「民歌」、「民謠」、「民諺」、「俚語」等多種民俗題材作品。煙畫「三百六十行」類的作品與時俱進地發展成了一支巨大的文化系列。也成為中外煙廠、中外商業廣告設計師們重要的創作題材之一。例如，英美煙草公司在民國初年發行了一套

《七十二行》煙畫，社會反響甚佳，一直發行了十餘年之久。據說，繪畫者是一名歐洲籍西人畫家，其名已失考。還有一種說法，這套作品是留學歐美科班出身的陸梅僧先生所繪。年青時代的陸梅僧酷愛油畫，特赴歐美學習西方繪畫理論。回國之後，最先應聘在英美煙草公司廣告部工作。不久辭職，且與《申報》工作的汪英賓等人一起創辦了中國最早的一間聯合廣告公司。他一生致力於廣告實踐，撰寫和編譯國外的廣告學著作，成為中國廣告學創始人之一。

英美煙草公司在民國初年發行的《七十二行》煙畫，其中有「遊玩洋場」、「皮匠修鞋」、「踏水車」、「跳獅子」。

進入三十年代，在《三百六十行》煙畫的影響下，許多民資煙草公司亦先後發行了《民國百業》《新三百六十行》等煙畫，並且賦予了許多新的內容和新的行當。新職業的出現，如電燈、電話、留聲機、無線電、飲冰室、歌舞廳、美容院、時裝店……。在時代鐘聲的感召下，大批女性衝破牢籠，走出深閨和廚房，投身社會，與男人並肩作戰，從事各行各業，一起開拓新世界，建設新家園。「三百六十行」的內容已不再是單一的引人懷舊的中心，它給人們帶來了新的意外的驚喜與希冀，以及對未來美好生活的希望與憧憬。

更突出的意義在於，這三百多枚作品，描述了中國晚清三百多個行業的勞動、交易和平民生活的情況。搞經濟史的研究它，可以詳盡地看到農耕經濟小手工業的結構體態；搞工藝史的，可以從中看到有根有據、有圖有形的民間工藝過程。搞圖史研究的，從中更能領悟到圖中的諸般玄妙。煙畫「三百六十行」

為今人的社會學、民俗學、工藝史學、廣告學、民間繪畫史等多方面的研究，
保存了珍貴圖史資料。

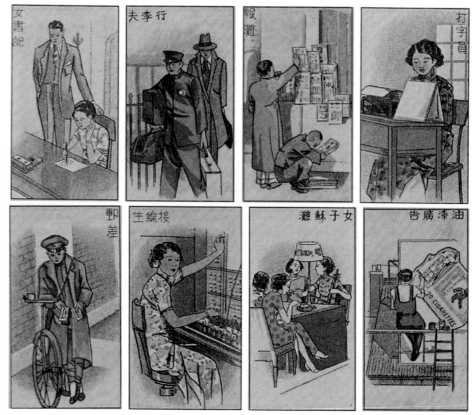

在《中國三百六十行》煙畫的帶動下，許多煙廠在上世紀二、三十年代相續發行了《民
國百業》《新三百六十行》等煙畫，也風行一時。如圖係中國上海大東商辦煙草公司在
1921 年出品《新行業》煙畫，反映出時代的進步，婦女已進入社會，從事不同的工作。

六、煙畫《三百六十行》的獨特之處

　　我國封建社會歷經的時期過長，限制了經濟生活的發展。有關記述民間生產工藝和行當的文獻很少。

　　清代，專一描述農、工工藝類的作品多了起來。最有代表性的有焦秉貞繪的《耕織圖》、方觀承進獻的《棉花圖》。此外，還有《熬波圖》《火井鹽井圖》等等，將農耕、植棉、織布、製鹽、採礦諸業的生產過程一一認真描畫。但這些作品皆屬官制院本之類，缺乏生氣，多供皇家御覽、展示範圍有限，民間難以問津。而民間木版年畫的陡起，如北方的楊柳青、南方的桃花塢、四川的綿、山東的濰坊⋯⋯民間藝人們揮動著「莫遮攔」的畫筆，將士，農，工，商，五行八作，盡入畫中。嵩山道人的《三百六十行版畫》，金鄂岩的《太平歡樂圖》，蒲瓜兄弟的出口風俗畫，多有專為「三百六十行」造像立說之作。而今，我們編纂老煙畫中的《三百六十行》，較之以上作品，則又有許多地不同之處。

　　首先，它的載體是極具功利性的商業促銷的傳媒——煙畫。它的作用是以「售香煙，贈煙片」來爭奪消費者的。因此，煙畫上所印刷的圖畫必須是廣大消費者最喜聞樂見的內容。決策者選擇了「三百六十行」這樣題材來印製煙畫，恰恰說明了，存在於人民群眾中刻不能離的衣食住行，是他們最熟悉的，也是他們最喜愛的內容之一。作為商品——香煙，也正是要向這一人群推廣銷售的。消費者喜聞樂見之物，相應，對所吸香煙的品牌也就增加了一重親切感。在商業行為中宣傳民俗文化；在民俗文化的氛圍中又促進了商業活動，這也就是商業文化的互動作用。

清代刻本《火井鹽井圖》插畫局部。

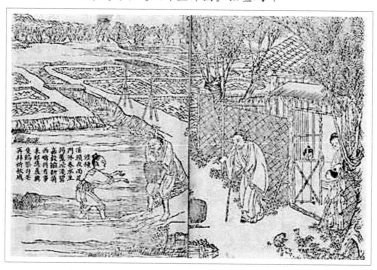

清代焦秉貞繪的《耕織圖》木刻插畫局部。

　　另外的不同，在煙畫中印刷《七十二行》也好，《三百六十行》也好，它的決策者是來自異域的外國人，他們用域外的眼光在探索、研究、描繪東方人的風土人情，世俗民風。他們與他們的前輩馬可·波羅、利馬竇、朗士寧、高羅佩等學者一樣，懷著滿腔熱忱，愛戀著東方的文化與文明。可以說，在他們的眼中，最富有活力，最吸引人的題材之一就是中國的「三百六十行」及其所包涵的一切。由此，也得出這樣的一個結論。「三百六十行」這類民間勞動工

藝的記述，是全人類彌足珍視的寶貴財產。

再者，香煙畫片上的「三百六十行」與其他的「三百六十行」的不同之處，更在於它以最「俗」的形式和最「俗」的方式，進行最廣泛的傳播。一包香煙，一張畫片；煙民無數，畫片無雙。小小的畫片，隨著煙民隊伍的無限擴張，它們飄洋過海（最早在國外印刷），翻山越嶺（從上海到東北、到蒙疆、到東南亞），從都市城鎮到集鎮鄉村。它們隨著香煙騰雲起霧，傳諸婦孺老幼；它們隨著煙賈商販，日夜兼程，走向大江南北。這一題材的煙畫，印刷出品歷時最久，發行數量之多，成佻成億，難以細數。就《三百六十行》來說，最早出現於 1904 年，一直發行到 1924 年左右，前後歷二十餘年之久。從煙畫背面來看，品海，人頂球，ATLAS 等品牌香煙，都出品過同一題材的煙畫，而且內容形式及畫風均都保持著一致性。可見，這一題材受人歡迎的炙熱程度。後出的《代步與運輸》,《民國百業》都是這一題材的延續，只是風格不同而已。《民國百業》首發全套 40 枚，後又繼續出品印發了數十枚。直到四十年代，因戰爭的衝擊，這一題材方被淡出。可以斷定，煙畫《三百六十行》較之其他形式的《三百六十行》繪事來說，印數最多，發行最廣，影響面也最大。

由於煙畫《三百六十行》出版發行的連續性，極生動活潑地描述了清末民初這一歷史時期的社會巨大變遷。意義所在，前文已經敘述，這裡就不再贅敘了。總之，煙畫中的《三百六十行》，它不成書、不成卷；不是大家的不朽之作，亦不是畫匠用來鬻粥覓食的等閒之為；既未立意呈請御覽，以傳後世；更非僅供雅士褻玩，以留佳話。《三百六十行》的煙畫，就像大觀園裏「心比天高，身為下賤」的晴雯一樣，在眾多的民俗繪事中，有著她獨立的性格和特別的美態。

七、從煙畫《三百六十行》看到什麼

　　站在民俗學和圖史研究的立場上，一百二十年前問世的煙畫《三百六十行》是一套極有研究價值的稀世珍品，是一套極具文化內涵的圖史史料。它以生動活潑的形式給民俗學增添了情趣和魅力。小小的煙畫其貌不揚，形體瘦小，俗之又俗，幾如玩物。但其文化內涵之厚重，用司馬遷讚譽《離騷》的話說：「其文約，其辭微，其志潔，其行廉，其稱文小而其指極大，舉類邇而見義遠」，有著異曲同工之妙。

　　臺灣出版家黃永松先生在評價煙畫《三百六十行》時說：「如果把這些小畫片連在一起來看，實不亞於張擇端的《清明上河圖》。簡直是一部手中的民俗博物館」。他認為：一百年前的繪製者、出版者，志向高潔，運筆凝重，善於通過小事物的描繪，以小見大，以近喻遠，表達了深遠宏大的思想旨意。給今人再現了晚清市井生活的全貌，為中國封建末期的農耕經濟生活和城鎮生活的狀況，提供了一卷生動活潑、呼之欲出的畫圖。深入研究這三百一十五幀圖畫，從中可以看到晚清城鄉居民的喜怒哀樂、五行八作的辛勤勞作、各行各業的敬職守業、百工雜役的聰明才智，以及城市鄉鎮商事活動的各色形態，以及市井交易的各種方式。諸如坐店營商、家庭作坊、擺攤落地、引車賣漿、肩挑手挎、提籃小賣、沽技賣藝、以物易物、無利善為、以及三姑六婆、「外八行」和「下三濫」、「煙賭毒押」之種種行當的行徑。

（一）漁樵耕讀

　　老一派學者在描繪前代的百工雜役和平民生活時，多以「漁、樵、耕、讀」的詩情畫意，勾劃出一片祥和的歡樂氣象，宛似「不知有漢、無論魏晉」般的

桃源仙境。一直傳唱至今日的清季《子弟書》《丑末寅初》唱道：

> 漁翁出艙解開纜，拿起了篙，駕起了小航，
> 飄飄搖搖晃裏晃當，驚動了水中的那些鷺鷥對對的鴛鴦，
> 是撲楞楞楞兩翅兒忙啊，這才飛過了揚子江。
> 打柴的樵夫就把高山上，遙望見山長著青雲，雲罩著青松，
> 松藏古寺，寺裏隱著山僧，
> 僧在佛堂上，把那木魚敲得響乒乓，他念佛燒香。
> 農夫清晨早下地，拉過牛，套上犁，一到南窪去耕地，
> 耕得是春種秋收冬藏閉戶，俸上那一份錢糧。
> 念書的學生走出了大門外，我只見他頭戴著方巾，身穿著藍衫，
> 腰繫絲縧，足下蹬著福履，懷裏抱著書包，
> 一步三搖腳步兒倉惶，他是走進了這座書房。
> 繡房的佳人要早起，我只見她面對著菱花，雲飛兩鬢，
> 鬢上戴著鮮花，花枝招展，她俏梳妝。
> 牧牛童兒不住地連聲唱。只見他頭戴著斗笠，身披著蓑衣，
> 下穿水褲，足下蹬著草鞋，腕掛藤鞭，倒騎著牛背，口橫短笛，
> 吹的是自在逍遙。吹出來的山歌兒是野調無腔，越過了小溪旁。
>
> ——（清）韓小窗《子弟書》

為煙畫《三百六十行》中所描繪的漁、樵、耕、讀。

這種詩情畫意的唱詞，在煙畫《三百六十行》中有著形象的描繪。農夫

驅牛耕種、汗流夾背，在田埂上休息的農人，則津津樂道地憧憬著秋日的豐收。漁夫一網下去便打上幾條活潑亂跳的大鯉魚，兒童樂得手舞足蹈。打柴的樵夫擔柴下山，興沖沖的奔向集市，爭取賣出個好價錢。讀書的學子正彬彬有禮地向先生鞠躬敬禮，討教學問。各守其業，各盡其職，好一脈祥和景象。

（二）衣食住行

其實，自古至今的平民生活，永遠脫不開衣、食、住、行這四個字。脫不開賴以生活的「開門七件事，柴、米、油、鹽、醬、醋、茶」。這句俗話原本是句戲詞，但它高度地概括了維持人生、維持家庭生活需要的基本物質。元雜劇《玉壺春》中的小旦唱道：

> 教你當家不當家，及至當家亂如麻；早起開門七件事，柴米油
>
> 鹽醬醋茶。

後來的秦腔、京劇、梆子、評戲如《鴻鸞禧》《豆汁記》等，飾演小家碧玉的旦角一出場，都念這段臺詞，道盡了市井貧寒人家當家人的操勞與辛苦。

煙畫中的「衣食住行」，成衣鋪。黃包車、賣餐飯、捎書人。

除此之外，「衣、食、住、行」這四大需求，亦是百姓刻不能離的。衣要蔽體、飯要吃飽、屋宜安身，行需代步，市井小民為了這些基本需求，終日奔

波，辛苦工作。「衣、食、住、行」和日常所需的「七件事」，都是他們在不同行業中的辛勤勞操作中挣將出來的。煙畫《三百六十行》真實無誤地把平民的生活，勞動的分工，商貿的形式，利益的交換，錢鈔的支付等種種細節，都繪聲繪色地描繪了出來。

就拿「衣」來說，煙畫《三百六十行》就從植棉、採桑畫起，接著軋花、彈花、摺套、紡線、漂染、賣布、裁縫、成衣、織補皆入畫中。意猶未盡，遂把製鞋、織襪、縫冠、製帽也一一繪入其中。

說到「食」，那就更加豐富了。《三百六十行》先從耕地、牧牛、車水、割稻、舂米、牽礱、制饃、打糕、油坊，豆腐等主食業畫起，隨後，養雞、放鴨、捕魚、屠豬、肉檯、菜市，這些不可或缺的副食業也躍然紙上。更有趣的是兜售各色零嘴兒小食、鬻粥賣餅、賣糖雜食的行街小販，如賣油炸豆腐泡、賣甑兒糕、涼粉、餛飩、鹵煮火燒、硬麵餑餑、粽子、糖炒栗子、素餡包子、豬頭肉、烤羊肉、賣半空的。此外，賣甘蔗、白果、柑橘、橄欖、雪花梨、香瓜、紅李、西瓜、冰糖葫蘆、甜秫、糖豆、秋梨膏也應有盡有，各色小販、維妙維俏，使人似乎能聽到各種叫賣之聲，情景近人，呼之欲出。

說到「住」，那就更有意思了。如打柴的、燒炭的、箍桶的、打竹簾的、做籠笹的、編涼席的、山貨挑兒、編竹籃、製棕墊的、繃棕床的、賣蒲艾的、賣枕頭、賣燈草、錮盆錮碗的、補鍋、磨剪子創菜刀的、修鐘錶的、賣燈籠的、捎書帶信的、賣耗子藥的、刷馬桶的、換取燈兒的，應有盡有。

至於「行」，煙畫《三百六十行》也如實地反映出舊日市井常用的交通狀況。如挑夫、轎夫、人力車夫、排子車、獨輪車、黃包車、小擺渡、烏蓬船種種，實可謂小煙畫的方寸之間，容納著大千世界。

（三）吃喝玩樂

在城鎮市井中的不同階層，有著不同的職業分工與勞作。勞作之餘，雖然各有不同的辛苦與悲傷，但也有著不同的歡喜和快樂。對於平民和普通的勞動者說來，他們也有著不同的滿足和幸福感。幹活累了抽口煙，挣了點辛苦錢，茶館裏一坐，喝上一壺「高沫」。或到「大酒缸」，站著悶一口小酒兒，也是酬勞自己的一件樂合事兒。逢年過節，帶著孩子老婆逛逛廟會，趕趕社火，到集市上聽聽小戲、看看雜耍，什麼耍馬戲的，打把式賣藝的，賣西洋鏡的、耍骨骨丟的、說大鼓書的、數來寶的、說相聲的、耍猴利子、耍狗熊的，雖說比不

得京腔大戲,但也悅耳娛目,好不開心。回家時,順便給孩子們買包核桃仁、花生米、冰糖葫蘆、芝蔴糖。給兒子在轉糖攤上賺兩個糖球,給姑娘買點紅頭繩兒,假首飾、蠟鐲子,給老婆賣上一塊布頭兒,能讓大人孩子樂上一整天。雖說都是落地的玩藝兒,值不得仨瓜兩棗兒,換句老百姓的話說,這就叫作「窮歡樂」。

富有之家的子弟們的樂合就迥然不同了,他們無衣食之憂,讀過書,受過教育,文化修養較高,個人愛好也就趨於雅愛。多在於琴、棋、書、畫,聲、色、犬、馬之間了。民間有句俗語:「一筆好字、兩篇文章,三盞美酒,四季衣裳。」煙畫《三百六十行》對這路人也有描繪。譬如:下棋、畫畫、養金魚、鬥蟋蟀、票戲、調貓逗狗、放鴿子、調雀、遛鳥,在清末這些都屬「雅玩」「雅好」。憂患生在《京華百二竹枝詞》中,把他們寫得更加傳神:

天天遛鳥起侵晨,不是城邊即水濱;十指不停忙歲月,翻成游手好閒人。

煙畫中畫的要骨骨丟的、吹糖人的、閒人遛鳥、深閨學女樂圖。

富裕家中的太太小姐們大門不出二門不邁的,要打發時間,也得找點兒樂子。她們可以把女樂教習請到府中,學習琵琶、古琴、胡琴、票戲,藉以自娛,這些在清末也十分流行。

舊社會城市中還有一種人,終生好吃懶做、游手好閒,每日無所是事、東遊西逛;有錢時,渴了張口,飯來張手,提籠架鳥,看花遛狗;沒錢時,太陽根兒一靠、雙手一抄,兩眼一閉,腰兒一貓,神仙來叫都不待動動的。時人稱

之為「閒兒」。學秋氏在《續都門竹枝詞》中，也有描繪的那些漢子，殊有模樣兒了。

> 辮髮鬆鬆黑衩褲，伯勞一架手中持；哪知今日毛包手，原是當年噶雜兒！

城市中的這些「閒的兒」，「噶雜兒」，他們既不是城市貧民游民，也不是來自鄉間的破產農民。而是那些專走下坡、不掙氣、不求上進的八旗子弟，靠著一份錢糧祿米而變成了「惰民」一族。外號「大眼郎」、「瞎打諢」、「無賴漢」便是此輩。這些人游游蕩蕩，不幹活計、不事生產，過著懶漢的日子。但在家中還會打妻罵子，狐假虎威；在家外則持強凌弱、潑皮撒野，總想吃好穿好，過好日子。也反映出舊時代惰民的劣根性。煙畫把他們描繪在這裡，也算做「三百六十行」當中，什麼都不幹的一行了。

（四）五行八作

筆者再說說「五行八作」。市井百姓對坊間百工雜役的分行分類，常有「五行八作」之說。所謂「五行」者即：車行、船行、店鋪行、腳行、衙役行。「八作」者，則為金匠、銀匠、銅匠、鐵匠、錫匠、木匠、瓦匠和石匠。

「五行八作」之語源自南宋，是描述杭州市廛各行各業的一種俗稱。彼時市肆行業的分類，分別稱為「團」、「行」、「市」、「作分」等。「團、行、市」多為商業，「作分（作坊）」則是指小型手工業。吳自牧在《夢粱錄》中稱：

> 有名為「團」者，如城西花團、泥路青果團、後市街柑子團抄，渾水閘藕團。又有名為「行」者，如官巷方梳行、銷金行、冠子行、城北魚行、城東蟹行、薑行、菱行、北豬行、候潮門外南豬行、南土北土門菜行、壩子橋鮮魚行、橫河頭布行、雞鵝行。更有名為「市」者，如炭橋藥市、官巷花市、融和市南坊珠子市、修義坊肉市、城北米」。「其他工役之人，或名為「作分」者，如碾玉作、鑽卷作、篦刀作、腰帶作、金銀打鈒（音 sa）作、裹貼作、鋪翠作、裱褙作、裝鑾作、油作、木作、磚瓦作、泥水作、石作、竹作、漆作、釘鉸作、箍桶作、裁縫作、修香澆燭作、打紙作、冥器等作分。

自元以降，直至民國，這種「行」、「市」、「作分」的分類和稱謂，各行各業仍然沿用，並且「五行八作」已經成了一句婦孺盡知的成語。當然，後人所說的「五行八作」早已不能以意蓋全了。我們從煙畫「三百六十行」中，也很

清楚地看到此語似已過時。但是，這「五大行」和「八大作」依然是「三百六十行」的中堅成份，只不過各行分得越來越精細了。

「五行」之中的車行和船行。

例如，其中的「車行」包括：馬車行、黃魚車行、黃包車行、獨輪車行及其修理、管理、營運諸行。「船行」則包括：造船、修船、帆船、漁船、小火輪、船員、船工、跑船的，已有百十種職業。尤其鴉片戰爭之後，海禁解除，沿海開埠，外國的大小輪船相繼駛入廣州上海，中國造船業也已相對地成熟起來。「船行」也不再侷限於閉關鎖國以前的落後狀態。

至於店鋪一行，主要指大小旅店、酒館、大車店、大小飯鋪之內的生意行。因為社會上廣泛流傳的《水滸》《三俠五義》《龍潭鮑駱》等俠義小說和戲劇如《三岔口》《十字坡》《刺八杰》《烏盆計》等影響，開黑店的孫二娘、胡理、趙大這般人物，都是殺人越貨之徒。給店行的名譽瀦污納穢，聲名不堪。現存北京市檔案局的舊檔記載：民國三十年，北平社會局曾受理過北平店業公會提出的《關於禁演評刷馬寡婦開店的申訴》。《申訴》說：評劇《馬寡婦開店》的風行，嚴重破壞了旅店、旅館業的聲譽，申請社會局對其嚴厲禁止。後來，在袁良當市長時，還真的禁演了這齣戲。

「五行八作」中的腳行，搬運工和灑水車。

其實，謠言不損正業，事實並非如此。由於店鋪一行的存在，給人們的出行、食住都帶來很多方便。

「五行八作」中的腳行指的並不是有關交通、運輸等行業，而指的是在「扛

房」幹活的「窩脖」、「搬運」、「扛大個」、「過山跳」等體力勞動的人。還有「趕腳的」挑夫、驢夫、騾夫、拉駱駝的也包括其內。

衙役行

衙役行指的則是吃官飯的書吏、皂吏、捕快、獄吏、稅吏等人。這類人為官場服務，吃的是官糧，仗著一點兒小小的權力，專門欺負老百姓。有道是「衙門口朝南開，有理沒錢莫進來。」幹書吏的，「你說你公道，我說我公道，公道不公道，只有天知道。」「衙門口的獅子兩頭翹，吃了原告吃被告。」收稅的，「口兒甜、手兒黏，提著褲子要小錢。」老百姓不喜歡以上五行人，故有俗語謂「車、船、店、腳、衙，無罪也該殺」。

金匠

金匠為「八作」之一。早在春秋戰國時期，淘金、採金已載入竹書之中。金是稀有金屬，熔煉技術需要專業的技術人員，所以，當時國家對金子和金匠均採用了保護和控制政策，防止其散入民間。金匠這行人的技術訣竅也極為保守，對外是秘而不宣的。這也是舊社會為了自身的生存，行規的制訂也是十分嚴格的。「技不出家，藝不改姓」，幹這一行的都是祖輩單傳的手藝。

與其他金屬相比，黃金具有延展性、稀有性，是唯一的一種呈黃色的固體金屬元素。它在熔化、熔融和鑄造過程中，金匠必須熟練地通過銼、焊接、鋸、鍛造、鑄造和拋光金屬來成形金器。為國家服務的金匠，要會熔造金磚、金條，金元寶以充代貨幣錢鈔。為宮廷服務的，則會製造各種金器、淺盤、高腳杯及各種裝飾品、首飾和宗教祭祀用品。還要會製作各種精巧的簪環首飾。流散於民間的金匠多為銀樓、首飾樓聘用，為經濟富裕的家庭婦女打造釵環耳墜、項鍊手鐲、胸針別扣，兒童的百家鎖、金項圈等奢華吉慶之物。技術高超的金匠，還發明了一種「金鑲玉」的技術，十分吃香，他們的技術可使自身名揚遐邇、身價百倍。

金匠在家中製做「金鑲玉」，銀匠打製的水煙袋。

銀匠

銀匠也是「八作」中的一大行當。這一行之所以與金匠分開,是因為銀的熔煉、捶打、煅燒、淬火、造型、拋光等技術與金匠有所不同,他們是兩股道上跑的車,祖師爺也各不相同。金匠的祖師爺是煉丹爐的太上老君,《老子內傳》稱:「太上老君,姓李名耳,字伯陽,一名重耳;生而白首,故號老子;耳有三漏,又號老聃。」老子曾鑄造八卦爐,煉製丹藥以求長生。而銀匠的祖師爺則是葛洪。葛洪字雅川,丹陽句容人,著《抱朴子》稱,他曾在煉丹爐中提煉出了銀汞。明代陶宗儀在《輟耕錄》中有《鎗金銀法》云:「日曬後,角挑挑嵌所刻縫罅,以金簿或銀簿,依銀匠所用紙糊籠罩,置金銀簿在內」,即在不同的金屬上嵌刻花紋乃是銀匠的長項。《黔記》也有記載:製作項圈、銀釧、銀冠、銀花、銀腰鏈、銀鈴、銀耳環和耳墜、銀壓領和披肩及銀戒指和紐扣等,都需要有鏨花工藝。鏨花是講究粗細線條搭配和轉折結構的藝術,抽拉銀絲後將其壓偏,退火變軟順勢搓成麻花狀細絲,全過程要反覆退火三次,搓麻花三次。麻花越緊密、越流暢、就越是精品。再根據不同紋樣掐絲,將花絲焊接在銀片上。這種絕技非一日之功,全靠銀匠的眼力和嫻熟的動作,才能製成上等作品。

銅匠

銅匠,顧名思義,是指用青銅、紫銅、黃銅作為原材料,鑄造和修理銅質用品的手工業者。這行人使用的工具有風箱、火爐、鋼銼和小鉗子等。銅匠大多並不煉銅,只是以銅板或銅片為原材料,用錘子敲打出諸如銅壺、銅鍋、銅瓢、銅鏟、銅鑼、銅茶盤、銅鎖之類的器皿來。據史料記載,銅器製作始於春秋時代,從銅劍、銅戈到烹飪肉食的銅鼎和修飾容妝的銅鏡,已有兩千五百多年歷史。銅匠技藝包括選銅、配方、算料、打製等四門功課。過去銅材稀缺,必須用炭火熔化提純,而後加入各類合金,以滿足器型硬度、柔韌度、防腐防蝕等要求。

銅匠按營業方式分有兩種,一種是沒有作坊店鋪的銅匠,挑一副銅匠的挑子走街串巷,手持「銅串子」一抖,發出一陣叮鈴鈴響聲;一般來說,遊方銅匠,打製的多是居家過日子的小器皿,且以修修補補為主。有店鋪作坊的銅匠,一般都有自己的爐子,如加工銅煙壺,銅鎖吶嘴,製銅杯銅器具,需要熔化各種銅原料。經營就有了一定的規模了,如打製銅壺、銅火鍋、銅盤、銅盆、銅

鎮尺、銅筆帽、銅墨盒、銅包角、銅合頁等對象，都是成批量發貨。這一行有較為固定的客戶，生意也很穩定。

鐵匠

鐵匠都有個打鐵鋪，也叫「鐵匠爐」。破房子正中放個大火爐，爐邊架一風箱，風箱一拉，爐膛內火苗直躥。鐵匠要鍛打的鐵器，先在火爐中燒紅，然後移到大鐵墩上，由師傅掌錘，下手握大錘進行鍛打。他們將方鐵打成圓、長、扁、尖均可。主要用來打製農具，如犁、耙、鋤、鎬、鐮等。同時也打製生活用品，如菜刀、鍋鏟、刨刀、剪刀、門環、泡釘、門插關、鐵鎖、鐵合頁等。

錫匠

錫匠是用傳統的工藝方法制造各種錫器。這行人沒有作坊，而是挑著挑子走街竄巷，吆喝著攬活計。遇到主婦要打個蠟臺、酒素子、盤子之類的小活兒，撂下挑子，點著了小坩鍋就能幹活兒。錫的熔點低，錫匠先制做坯料，打成錫板。然後，根據製成品的需要裁剪，再對裁減好的錫片兒進行敲打，做成各種形狀的部件。比方一個酒壺，經過打磨，壺身、壺蓋、壺嘴就基本成形了。放在長條形的鐵砧子上，用平錘再敲打，最後是焊接成型。錫匠先在焊口塗抹上松香，然後用燒紅的焊鐵焊接。最後一道工序就是拋光。先用銼刀挫，再用草紙拋光，一個漂亮精緻的錫器就製成了。然而錫器容易養化變黑，並不太受用。直到塘磁製品的出現和普及，人們逐漸不再使用錫器了。錫匠一行也就退出了歷史舞臺。

以上金匠、銀匠、銅匠、錫匠又都屬「打鈑（音 sa）作」一行，因為，這一行的工具離不開錘、釺、鉗、鑽。操作時，也離不開鍛、打、沖、壓，皆與打鈑有關。精細的匠人，可在金銀器物上嵌飾圖案。粗糙活兒的工匠，則釘馬掌、打車具、製釘、製炊具、打錫鉑等，都屬同祖同宗。但是，這類技藝的分化與演變，已使他們不可能殊途同歸了。

煙畫中的打銀作捶錫鉑、釘馬掌、鐵匠爐和錫匠。

瓦匠

瓦匠也又稱泥瓦匠，簡單的說就是從事砌磚、蓋瓦、漫地、搭屋、修院牆的手藝人。這一行的歷史相當悠久，祖師爺為有巢氏。以前的泥瓦匠師傅同賣貨郎一樣，挑著傢什走東家串西家，看哪家需要建房或翻修房子，就在哪家幹起來。東家要包吃管住，做完一場泥水活，少則花上十天半個月，或是個月期程。完工之後，收罷工錢，就再到下一家攬活兒。他們自豪地說，只要有手藝在身，凍不著、餓不著，還能養老婆生孩子。但是，他們這一行有個不好的規矩，完工後，從來不收拾泥水和灰渣。東家不高興，他們便說這是祖師爺傳下來的規矩，我們也不敢違背。所以人們稱「乾淨木匠，邋遢瓦匠。」

木匠

後人所說的「五行八作」早已不能以意蓋全了。各行分得越來越精細。例如：「木作」已分支出「大木作」、「細木作」、「小器作」、「圓木作」種種，見面都稱師兄弟，祖師爺還同是魯班一人，幹的活卻不一樣啦。「大木作」專事建材、桅檣、破材開料、上樑立柱，起脊建屋，乃至製棺造槨、黃腸題奏等大活兒。「細木作」則專事紫檀、花梨、雞翅、硬雜，製作案、榻、椅、杌、包括屏風、書架。「小器作」則專事匣、箱、盤、盒，以及文房基座、百寶格架、小擺飾及至鎮尺、筷子等。「圓木作」，則是專門製作圓形木器，如：桶、盆、

魚槽、籠笆、蒸桶、馬子等等。這種分工各有技術技巧，法不傳二門，互相禮讓，做活兒互不越界，也算是「隔行如隔山」了。

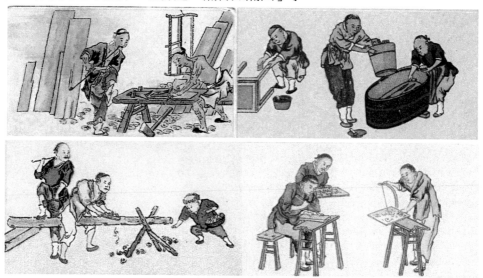

木匠行中的「大木作」、「圓木作」、「細木作」、「小器作」諸行。

石匠

舊日石匠從事的工作分兩大類，一類是在石窩子（採石場）開採大塊的原石、石料，用大鐵釺子、揮大錘，精準的下料和運輸，是個十分苦累的行當。業者都是家徒四壁，空有一身力氣而別無它技的窮漢。另一類石匠活兒需要一定的技術，粗糙一些的，如破石料，築房基，排石墊，敲石鼓、打石槽、石臼、石磨、上馬石、修石橋、鋪石路種種。作細膩活兒的，則會刻碑文，塑石佛、石像，石獅、石獸等。石匠對中國的數千歷史文化的建沒，曾起到功不可沒的作用。世界聞名的趙州橋，便是石匠的豐功偉績。

石匠使用的工具主要是鐵錘和鑿子，鐵錘的種類也分好多種，主要使用的扁頭錘和圓頭錘。鑿子則分為長鑿短鑿和圓鑿扁鑿。根據不同的工作場景使用，以求用起來得心順手。上至紫禁城的金鑾殿，下至鄉間村頭的石磨槽，都有著石匠們的血汗痕跡。

（五）交易方式

晚清，在民間市井市場貿易的方式是五花八門、多種多樣的，其中即有官商也有民商，即有小手工業者，也有游民混混。有財大氣粗的，以坐店經

營、大宗批發、南北交通、現銀匯票進行交易。而分布在城鎮鬧市中大大小小的鋪面細店，多屬民資小棧，面對平頭百姓、小家婦孺，其中也有坐店經營者、也有家庭作坊者、前店後場者，小本錢的、擺攤落地、走街串巷，更有賣各種零嘴吃食的小生意，則是肩挑手提、吆喝小賣，與婦人盡日錙銖之爭，與小童蒙哄銅鈿細利。還有以窮幫窮的生意，如縫窮、賣草鞋、耳挖勺、收破爛，一日辛苦，掙不出一張餅錢。還有一種十分原始性的交易——以物換物，都用在換取燈、換胰子、換饃製醬的窮人身上。還有不少沒有本錢的生意，如打把式賣藝、變戲法、跑馬戲，打花鼓、唱新聞等，都是以藝求財。沒有任何技能的，乾脆叫街、行乞、碰瓷兒、耍無賴，甘為「下三爛」。然而，「三百六十行」中還有不求一利的好施樂善的行經，他們信仰「積善成德，神明自得」，不求任何報酬、自願自為的修橋補路、打掃衛生、收取字紙、助弱扶孤，凸顯出人世性靈。這些在煙畫「三百六十行」中也均有描述。筆者舉例淺述如下：

坐店經營

舊日為商者，有字號、有自己經營的店鋪、門臉兒，店鋪裏有櫃檯、有夥計，儘管大小不同，排場不一，坐店經營，則算是有頭有臉的買賣了。大資本的店鋪也有官營和民營之分。自古以來，鐵、酒、鹽、銀，均為官辦經營，不允許民間染指。尤其對鹽的專營，其利充於國庫，為皇家度用，此規定自漢期起，一直延續到清季未變。只是隨著商品經濟的發展，人口數量與日俱增，食鹽買賣越做越大，官府力不從心了，才將食鹽的部分買賣權力分包給各地鹽商。再由鹽商向官府繳納稅務，充盈國庫。所以，各府縣都市的鹽店依然屬半個官辦。若私人偷著買賣，則犯有「私鹽」重罪，一經捕獲，犯法殺頭。煙畫中有「官鹽店鋪」一枚，就反應了這一現實。畫中的店東店夥都衣冠楚楚、盛氣凜人，購鹽男女只能站立櫃檯之外，任人擺佈。

私人店鋪則依資本的多少，有大小之分。畫中的「看首飾樣」的地方則是銀樓、首飾樓，鋪面講究，必有兩層以上的樓面。底樓接待一般客戶，二樓雅間用來接待豪客內眷，用來選看各色金銀珠寶、頭面、首飾的樣子。一但敲定，便付一半定金，依樣做來。這種店店大欺客，夥計們專會分辨顧客身份高低和經濟實力的大小，看人下菜碟。平民顧客一般是上不了樓的。

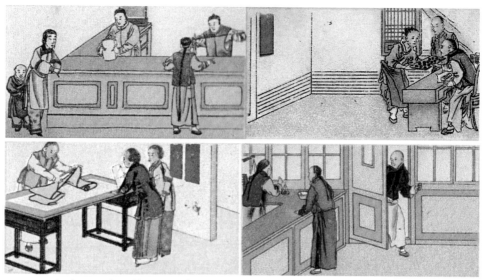

煙畫上坐店經營的大買賣，如官鹽店、首飾樓、綢緞莊、鼻煙鋪。

　　還有一種大生意就是呢絨綢緞鋪。清人枝巢子曾描述：其「多為山東人所設，蓋兼辦內廷貢品者。各大綢店必兼售洋貨，其接待顧客至有禮貌，挑選翻搜，不厭不倦，煙茗供應，趨走殷勤，有陪談者，遇紳官，可以應對幾句時事，遇文人，也略知幾句詩文；對待婦女顧客，一定會炫耀新奇，曲盡交易之能事。」店中一側還設有成衣作，有手藝高超的南方裁縫伺候，專為來店男女製做應時服裝。一定要讓顧客都高興而來，滿意而歸。

　　還有一種通天的買賣鼻煙鋪，門臉不大，可地位極佳。如天蕙齋在北京最繁華的地段——前門大柵欄，上海的北永泰則在最熱鬧的豫園。這種買賣專門伺候皇親貴冑，巨賈豪門。而對平民的業務只是抄帶手的事兒。

　　鼻烟是明代嘉靖年間，意大利傳教士利瑪竇來華時進獻的禮品。因有清心醒腦、補肝養目之功能，聞鼻煙一時朝野風行。清乾隆舉人彭光斗有《鼻煙次某閣學韻》，把鼻煙吹得更是神乎其神：

　　　　輾成琵琶金屑飛，嗅處微微香霧起；翠管銀瓶出袖間，灌腦薰
　　心嚏不已。

　　清代皇帝們對鼻煙情有獨鍾。他們鼻煙分為十級，一級萬高馨露；二級萬馨露；三級萬鮮露；四級萬蕊露；五級高萬花露；六級萬花露；七級御製露；八級茉莉露；九級雙花薰；十級叫坯子。以民國初年的價格相較，一袋44斤洋白麵，價格為大洋2元4角，而一兩萬高馨露鼻煙，則要大洋2元5角6分。可見鼻煙價格的金貴。因為它質高品重，癮君子仍趨之若鶩。如圖所繪，

人們手握空壺登門，業者用天平戥稱，論錙論銖，細心稱量，一絲不苟。後來紙製捲煙盛行，鼻煙漸受冷遇。到了三四十年代，便已悄悄地退出了歷史舞臺。

至於更多的還是中小店鋪，如鞋帽店、香燭店、海味店、南紙店、羽扇店、油鹽店、骨董店、筆墨店、書畫店種種在畫中均有體現，不一而足。這類店鋪關係著普通人家的衣、食、住、行和文化生活。

家庭作坊

舊日各種家庭作坊，遍布於都市的大街小巷。生意大一些的是前店後廠，小一些的則是「連家小鋪」。前店後廠的買賣，如棉花店、鐵匠棚、大車店、油坊、粉坊、醬坊、染坊、藥鋪等等，前邊有門臉，有夥計支應櫃檯，收攬生意和收款付貨，規模較大。譬如繩子鋪，前面櫃上售買各種繩索，粗至大纜、細至繩鞭，各種規格齊備。顧客如有特殊要求，可以因需訂製。後院則有大院子，足以支開搖繩架，供夥計們搖繩幹活兒。

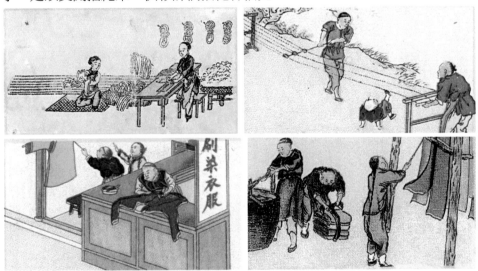

煙畫上前店後作坊的生意，如繩子店，前邊賣繩，後邊搖繩。刷染店，前邊是櫃檯，後邊是染坊。

何謂搖繩呢？搖繩架一般是五個齒或七個齒鉤。一頭固定在牆或樹上，另一頭的搖架要距之十多米之遙。細長的麻繩分別穿在這幾個齒鉤上，下手夥計手執一柄探杆在這幾組繩子中間來來回回的走動，將細繩從一頭引回，成雙股掛在搖架上。繩匠則手把搖把，反反覆覆地搖動，為麻繩加捻，越捻越緊，最終結成粗粗的大繩。每成大繩一尺，繩匠的搖把兒得搖動千次，下手兒來回走動十里。繩匠一天的勞動下來，累得筋折骨斷。一年到頭得不到溫飽，付出艱

辛勞動，依然貧困無依。此行是貧苦業中之最。

刷染店，前店接活、帶賣估衣、各色刷染的布頭、零碎綢緞和雜貨。後店是染房、漂房和大大小小的漂染缸灶。棉花店，前店賣散花、棉絮、被套、褥套、褡褳、套褲、屁股簾、抄手套等，後店則有夥計彈花、撟活。如此店鋪與作坊合二而一的生意很多。老闆稱小賣買人，夥計實如苦力。連家小鋪的生意更是五花八門的了，大多屬是以薄技謀食的單幹戶，或是夫妻老婆店。譬如，刻字鋪、鐵畫鋪、絨花鋪、顧繡鋪、錦匣鋪、裱糊鋪、紙課鋪等等，這些在煙畫「三百六十行」中，也佔有不少畫幅。

煙畫中各種連家小鋪，如拈金線的、刻字鋪、打珠眼的、糊紙匣的。

擺攤落地

擺攤落地的小生意那就更多了。這類小販本小利微，無店鋪，無門市，能有個固定些的擺攤落地的地方，已經是很不錯的了。例如轉糖攤，半落地，有一個大圓木盤子平放在尺來高的筐子上。木盤上自中心向外劃分著大小不等的許多格子，有寬有窄，每個格子裏面分別放著各色糖果和小玩物，如洋畫片、橡皮、鉛筆或是糖球等等。還有許多不放東西的空格。盤子中心支著一根木杆，杆上頂著一根橫杆，橫杆一頭是搖把兒，另一頭用線懸垂著一根大鋼針。小孩子花上一分錢就可以轉一次。一搖把手兒，那枚鋼針就隨之轉了起來，眼睜睜看著鋼針停在哪一個小格子上，便可把格子裏東西取走，算是贏了。如果停在空格上，那就自認倒楣，算是輸了。是個專掙小孩錢的營生。又如，賣水果鮮貨的、賣鍋碗瓢盆的、賣糖果的、賣雜物的，還有相面的、說書的、點痦子的、

代寫書信的，這一行也都得有個攤子或是桌子，方能開張。

煙畫上的小攤販，如賣轉糖的，賣燒臘年糕的。

煙畫上落地的，如賣西洋鏡的，變戲法兒的。

而賣大力丸的、賣野藥的則不用攤桌道具，每逢廟會，集市，就選擇一處熱鬧的地方，依牆掛上一塊布幔招子，算是落地的了。如果上邊寫著「山東某某專治跌打紅傷」等語，地下鋪上一塊藍布，布上擺著一排排的三角包，就是賣野藥的。還有賣大力丸的、變戲法的，口裏說得天花亂墜、自我吹噓，越是人多，嚷嚷得越邪火。這一類行當趕廟會、趕大集，天橋、三不管、是他們落腳刨食的場所。但還要懂得江湖之道，得與地面上地痞、流氓、惡霸、把頭混個「臉熟」，才能在五方雜巴地上掙點小錢，養家糊口，此等求生也實在不易。

引車賣漿

「引車賣漿者流」，此語原出自司馬遷《史記·魏公子列傳》：「公子引車入市，侯生下見其客朱亥」，「公子聞趙有處士毛公藏於博徒，薛公藏於賣漿家」等。後來，這兩個典故發展成為成語，專指平民百姓的那些小生意。市井中大凡有「牽車」一行的，如賣炭的、賣糧米的，賣瓷器的、拉黃魚車的、拉黃包車的、扛房、窩脖、搬運的種種苦力行徑。所謂「賣漿」一行的，大多是賣水的、賣豆漿的、老虎灶、賣大碗茶的、賣酸梅湯、賣豆汁、賣刨冰等一行連湯帶水的小買賣。因為本小利微、一向被人看不起，也被「五行八作」所輕賤。其實，稱他們為「引車賣漿者」都是牽強附會之說。就拿賣水一行來說。在一

些城鎮裏因開掘的水井深淺不同，地段不同，水質各異，確有甜苦之分，城裏就出現了賣水的這一行當。自明代起，甜水井都有水頭兒占管。水頭兒管著水行賣水。水行有挑夫，專向購買了水牌的人家供水，月底一總結帳。水夫用的水車、水箱、水桶皆為木製，十分笨重。賣水的挑夫最是辛苦，收入微薄，難以糊口養家。因為終日挑水，腿腳永遠是濕漉漉的。一到冬天，冰天雪地，雙足凍得赤紅糜爛，令人慘不忍睹。

所謂引車賣漿這一行的生意如圖所繪有獨輪車、黃魚車、賣酸梅湯、薄荷水。

舊時路邊樹蔭下常有茶攤賣大碗茶。無論大人小孩，逛街、趕廟會，走累了、口渴了，來碗放涼的大碗茶，一飲而盡。花一兩個銅子兒，即經濟，又解渴，是最大眾化的飲料。清朝末年，從宮裏傳出了一個秘方，用烏梅、桂花和蔗糖調配恰當，微火烹熬一天一夜，出鍋冰湃之後飲用，酸甜可口、冰涼潤喉。喝完清心潤肺，消渴怯暑，時稱「冰鎮酸梅湯」，一度名冠京師。民初，還有一種走街串巷賣雪花酪的小販。《劉葉秋講北京》一書中寫道：「雪花酪，即一種低級的冰激凌之類。製時用大木桶，內置碎冰，上放鐵桶，以繩繫其腰，左右旋轉之，其中原料因搖動冰凍而成屑狀，略如今日冷食店所售之「冰霜」。自炎日之下走來，進此一杯，煩渴頓止，小兒輩尤喜之。」夏天賣冰酪的，在胡同的綠槐蔭下，倚著紅木漆的擔子，手扶了扁擔吆喚：「冰琪淋，雪花酪，又甜又涼又解渴——。」不一會兒，就招來了一大堆孩子把個擔子圍得風雨不透，成了街頭一景，饒有趣味。

提籃小賣

提籃小賣是一種走穿串巷、吆喝叫賣一類的小生意。多是叫賣糖果、小吃食之類的小販。譬如賣餑餑、賣白水羊頭肉、賣山楂糕、賣驢打滾，賣秋梨的、賣紅果的，都是胳膊上挎一小籃，籃上笤塊乾淨的藍布，邊走邊吆喝，「硬麵餑餑——」，要麼就是「鐵蠶豆，多給——」。最有代表性的是「賣半空兒」的。所謂「賣半空兒」就是沒有長好長成型的帶殼兒的花生，小販把它炒熟，又香又脆、分外好吃，是下酒佐食的妙品。因為其外觀不佳，上不了檯面，也賣不上價錢，但大小也算個生計。每到傍晚時分，在胡同裏會聽到「好吃不貴，賣半空兒啦——」的叫賣聲。

煙畫上提籃小賣這行小生意的寫真，如賣油糕的、賣秋梨的、賣茶葉蛋的、賣花的。

此外，在南方的城鎮裏還有小姑娘買花的一行。花籃裏裝滿珍珠蘭、茉莉花、夜來香等行街叫賣。古詩有「小樓一夜聽春雨，深巷明朝賣杏花。」做這種生意的多是俊俏的小女人，體態輕盈、婷婷玉立，臂挽花籃、手擎鮮花，是市井中一道亮麗的風景線。

沾技售藝

在舊社會走鄉串集打把式賣藝的、躓跤、說書、唱曲、耍猴兒、耍狗熊、變戲法、以小技小藝拉圈佔地、沾技賣藝十分普遍。

有的是同類人拉幫結夥，一行十幾人有一定的規模，車馬道具也有不少，有點像小型馬戲班一樣。先有打地的在集前交涉好演出地面，開集之日，鑼鼓

一響,就正式開張了。演出的節目,吹拉彈唱或刀槍劍戟,文武交替,都比較貨真價實。這類班底,一般能撐起大場面,無論到了哪個地界,必得活動個十天半月。譬如,北京的吳橋鄉整村整村的人,從小就練雜技、走鋼絲、耍獅子、練武術、練輕功、柔術、變戲法,每到農閒,拉幫結夥就是一個班兒。人少一些的,也就是兩三個人,多以夫妻兒女、或師兄弟組合,合夥賣藝。

煙畫上沽技賣藝這一類人的寫照,如耍猴兒的、賣武藝的、練雜技的、唱三棒鼓的。

也有遊走江湖、單打獨鬥賣武藝的。這一行人嘴裏有把式、身上也有把式,出來掙錢,也很不易。他們的「鋼口」都是老一套:「在家靠父母,出外靠朋友。看我練一套,有錢的給個錢場,不給錢的站腳助威,給個人場」等等,用來「撙場子」,聚人氣兒。待人聚多時,或長槍、或雙刀,呼呼生風地舞將起來,練完一套,就地打拱收錢,也是一種生意。

說書唱曲的,與打把式賣藝的也差不多。逢節趕集,在牆根樹下「撙出場子」就說唱起來。如太平歌詞、鐵板大鼓、琴書、快板、十不閒、靠山調等均受婦孺歡迎。因為圍觀者流動性強,所唱節目多是段兒活,如《王二姐思夫》《馬寡婦開店》《黃氏女遊陰》《小姑賢》《黃粱夢》等等。唱完趕緊收錢,但憑聽眾給多給少,都得樂樂哈哈地揖首稱謝。如果一遇颳風下雨,人頭散去,收不著錢可就「歇牙」了。

以物易物

在經濟生活中,商賈小販皆以利益交換、錢物交換為旨要,無論交易大小、

利厚利薄，皆以官鏰銀票、或銅鈿鈔票進行貿易售購的。貨幣的流通代表著時代的進步。而在煙畫《三百六十行》中還能見到，市井還保留著不少原始的、以物易物的交易形式，極為有趣。如：「換饃製醬」一行。這一行人是為醬坊服務的。醬坊用麥、豆及麵製品為原料，經過發酵後製成麵醬，這也是我國古代在飲食方面的一項發明。《周禮·天官》便有記載，迄今至少有二千五百多年的歷史了。

醬是烹調中不可或缺的調味品。醬坊在製作上等麵醬和甜麵醬，都要在豆麥醬坯裏面加入些熟的麵食製品，如剩饃、剩餑餑、剩餅、剩麵條子之類的附料漚醬。然而，這類剩餑餑、剩餅之類的東西並不好收集，如果醬房自己製作饃饃蒸餅，則又成本過高，得不償失。因此，這就為窮人開闢出「換饃做醬」的行當。這行人，左手挎一竹籃，籃中放些粗瓷盤碗，都是些不值錢的東西。用它來向平民住戶換取一些吃剩下的、放乾了的、或是發酸長毛了的剩餅剩饃。他們肩頭背挎著一個大破口袋。凡換回來的吃食，統統裝進口袋內。走街串巷，不辭辛苦，一日下來，收穫也還可觀。歸家後，將這些「剩餘物資」分類裝筐，攢到一定程度送到醬房，算是製醬原料。論分量多少，收取酬勞。

煙畫上「以物易物」這一行當的寫照，如「換饃製醬」、「換胰子」的。

還有一行是收破爛的，也叫「換胰子」的、「換取燈」的，是舊日城市貧民的一種生意。這行人肩上挑的筐很破舊，但十分地結實。他們一路吆喝著：「破爛兒，我買——」，聲音沙啞悽楚，遠遠聞之，分外悲涼。收購的東西，皆是住家什戶中廢棄無用之物，如：破書破本、廢銅爛鐵、破鞋爛襪、舊瓶子、碎玻璃、破桌子、爛板凳、破鍋、漏壺，橘子皮、碎骨頭種種多餘的東西。自然，這些破書爛紙可以送到造紙廠，漚成紙漿造紙。廢銅爛鐵可以賣給鐵匠鋪，再入熔爐熔煉重鑄。收來的破衣碎布，尺寸較大的可以賣給袼褙作坊，打袼褙、納鞋底，做鞋墊；破布條子，則送到鋪陳市，去捆擦地板的墩布條子等等。如此，經收破爛的一一分類，便送到可以再利用的地方，也是充分使用資源的一

件益事。收破爛的本錢極小，所收之物原本就不值錢，所以，以「以物易物」的交易方式進行。用廉價的胰子和取燈交換雜物達成交易，就出現了「換胰子的」、「換取燈兒」這一行。

以窮幫窮

「窮幫窮」也是「三百六十行」中的一支門類，這一行人都是市井中的窮苦人，為窮苦人幹活兒，掙的是窮苦人的錢，俗稱「窮幫窮」。譬如縫窮的，幹這行的是專門為窮苦人縫補衣裳的貧婦人。她們的竹筐裏邊裝著針頭線腦和各色洗淨的舊布。一隻小板凳，坐在道旁，專一兜攬販夫走卒、單身漢的生意。這些人若是在行路途中，衣服褲子破了，隨手交與貧婦縫補，花不了仨瓜倆棗的小錢，立等片刻就能收拾利索。尤其對於那些沒有家室的窮光棍們，這行職業實在是幫了他們大忙。縫窮的生活十分清苦，多因家中男人貧病，無法維持生計；要不就是寡婦失業的生活無著，才拋頭露面做此生理。一天下來，掙不了一張餅錢，煞是可憐。

煙畫上「窮幫窮」一行人的執業情況，如縫窮的、推草鞋的。

還有一行是推草鞋的，一束稻草用木錘把草杆、草結打熟，當作原材料。推草鞋的騎坐在長條木凳上，在凳前的木齒牙子上繫上數莖麻繩為經，以稻草為緯，搓、擰、交織，用姆指推緊擠壓，就能製成厚實磁密的鞋底。再用麻繩結股成束，以繩代幫兒，便製成簡單的鞋子。一雙只賣幾文錢，農夫、樵夫、挑夫、腳夫穿上，翻山越嶺、做工趕路，腳底板少受一些罪。但到冬天，草鞋豈能保暖，腳跟腳趾難免凍得生瘡流濃。同樣，推草鞋的人也都指裂肉腚，鮮血淋漓。窮幫窮人腳，窮掙窮人錢，是窮幫窮這行的窮苦生涯。

善不求利

俗語說：「生意無大小，無利不早起」。「三百六十行」中偏偏有一行，人稱「無利善為」。這一行人大多是善堂人士，不論貧富和地位高低，堅信以善為本，修橋補路、扶弱惜貧，助老扶孤為己任，是一路品格高尚的善堂弟子。

善堂起源於宋朝，信眾崇拜大峰祖師，篤信樂施好善，且身體力行，以行善為樂，修得後世康寧。善堂是我國民間古老的慈善組織，在歷代的荒年歲月、水患蝗災時節，善堂開粥場、辦救濟，在救助災民、捐助寒衣諸方面都做過很大的貢獻。

敬惜字紙，是善堂為善的內容之一。他們尊儒尊孔，敬畏字紙，字紙，不能踩，更不能擦穢沾污，看到有字的紙，要撿起來焚化。善堂的人空閒之時，專門到大街小巷撿拾字紙，集中處理，整理焚燒，以此積德行善。清道光《噶瑪蘭廳志》（即今臺灣宜蘭）就有敬惜字紙習俗的記載。其隆重程度，匪夷所思。志中記道：

> 蘭中字紙，雖村氓婦孺，皆知敬惜。緣街中文昌宮左築有敬字亭，立為惜字會，信眾搜覓，洗淨焚化，薰以沉檀，緘以紙素。每年以二月三日文昌帝君誕辰，通屬士庶齊集宮中，排設戲筵，結綵張燈；推一人為主祭，配以蒼頡神牌。三獻禮畢，即奉蒼頡牌於彩亭，士子自為執事，隨將一年所焚字紙，鋪疊春檻，迎遍街衢。所至人家，無不設香案，焚金楮、爆竹以拜迎。是日凡啟蒙諸子，皆具衣冠，與衿耆護送至北門外渡船頭，然後裝入小船，用彩旗鼓放之大海而回。

煙畫「三百六十行」中善堂信眾在市井蒐集字紙、打掃拉圾的場景。

煙畫「三百六十行」中便有善堂信眾在市井蒐集字紙的場景。打掃衛生也是善堂男女的愛心奉獻，每逢春節、元宵、七七、九九、觀音大士誕日、媽祖生日等佳節前一日，善堂男女多集在起，手執掃帚、水桶上街打掃街道、橋樑，清除拉圾穢物，祈求風清月白、天地潔淨。

（六）三姑六婆

「三姑六婆」的稱謂始見於元代陶宗儀的《輟耕錄》，其中說道：「三姑者，尼姑、道姑、卦姑也；六婆者，牙婆、媒婆、師婆、虔婆、藥婆、穩婆也。」

其後，這類稱謂就流行起來，在《金瓶梅》《水滸》《拍案驚奇》《醒世恒言》等一些世俗小說和戲曲話本中，「三姑六婆」便經常出現了，且多以反面角色渲染刻畫這行人，形象惡劣。巧嘴簧舌、不務正業、串門子、搬弄是非、媒介淫惡、唯利是圖、推銷迷信、誘人入彀、愚昧無知、賊頭賊腦種種。使這些女性從業者都被妖魔化，而倫為不恥的境地。《鏡花緣》中有一段吳之祥批評三姑六婆的話說：「吾聞貴地有三姑六婆，一經招引入門，婦女無知，往往為其所害，或哄編銀錢，或拐帶衣物。及至孀女察知其惡，惟恐聲張家長得知，莫不忍氣吞聲，為之容隱。此皆事之小者。最可怕的，來往既熟，彼此親密，若輩必於此中設法，生出姦情一事。以為兩起發銀錢地步。懲恿之初，或以美酒迷亂其性，或以淫詞搖盪其心，一俟言語可入，非誇某人豪富無比，即某人美貌輕雙。諸如哄騙上廟，引誘朝山，其法種種不一。總之，若輩一經用了手腳，隨三貞九烈，玉潔冰清，亦不能跳圈外。甚至以男作女，暗中奸騙，百般淫穢，更不堪言。良家孀女因此失身的不知凡幾。幸而其事不破，敗壞門風，吃虧已屬不小；設或敢露，名節盡喪，醜聲外揚，而家長如同聾瞶，仍在夢中。此固由於婦女無知所致，但家長不能預為防範，預為開導，以致綠頭巾戴在頭上，亦由自取，歸咎何人？小子聞《禮經》有云：內言不出於閫，外言不入於閫。古人於婦女之言，尚且如此謹慎，說三姑六婆，裡外搬弄是非，何能不生事端？至於出頭露面，上廟朝山，其中暧昧不明，更不可問。倘明哲君子，洞察其奸，於家中婦不能正言規勸，以三姑六婆視為寇仇，諸事預為防範，毋許入門，他又何所施其伎倆？」（見《鏡花緣》第十二回）。若秉公而論，「三姑六婆」也是封建社會不可或缺的行當，她們在「三百六十行」中也佔有一席之地。從煙畫「三百六十行」中，也可以看到她們的身影。

尼姑

「三姑」中的尼姑，她們出身低微、或因貧因病被父母捨入庵中。庵中的清苦寂寞、黃卷青燈折損著她們的青春年華。崑曲《思凡》中的小尼姑終究忍不住庵堂寂寞而私奔下山。但這種大膽的叛逆必然是極少數。而大多數尼姑被佛經禁錮，而耽誤了青春。尼庵前不種高粱，後不種北豆，為了生計，她們也被迫進入化緣、求捨、小賣等經濟活動之中。煙畫「三百六十行」中就有「賣素包子」一行。一名少年尼姑肩挎提籃，向路人和香客兜售庵中自蒸自產的素包子。

煙畫中「三姑六婆」中的卦姑和道姑一行。

道姑

則是寄身道觀，帶髮修行的女人，每日吃齋禮佛、黃卷青燈，其清苦處境幾與尼姑無異。卦姑，比起尼姑、道姑就活泛一些。一無尼庵道觀、清規戒律的約束，二無皂衣麻鞋的軀殼禁錮。可以便裝一身，行動自由。因為這行人能說會道，知曉些道規佛理，有些仙氣兒，一些奶奶、太太、貴婦、姨娘也願意與之交往，明為說今道古、傳授釋道。實為消愁解悶、打發時光，也算是一種排遣。道姑一行也就成了女幫閒。

卦姑

這行人大多能識文斷字、略知卦理，因之可以出入豪門巨室，為貴婦閨婦測字打卦、聊天解悶，從中得些錢鈔，也算是一門生計。所謂「三姑」者，並非都是平話小說裏所言的那樣，因為她們經常出入名門內室，便會藏污納穢、非奸即盜、亂人心請、滋擾家事。故而屢屢警人遠避，必戒必防。

牙婆

六婆之中，牙婆指的是專門販賣人口的薦頭，這一行人，專為富貴人家買賣奴婢、僕人、奶子、妾室。舊時每遇荒年，鄉下人衣食無著，賣兒鬻女的大有人在，牙婆的生意也就忙不過來了。大多數是賣家託人引薦找上門來，求牙婆從中做閥，為窮人兒女找個好的人家，當僕做婢，雙方情願。眼面寬闊的牙婆多與官家富賈的內室有所往來，知其府上的需求。便從中搭橋說項，說成一家之後，再出面做中保，簽約過鈔，算是完成一件善事。收入與房捐一樣，成三破五，從中收些好處。用現代話說也應是一門「中介」。這一行也有行規自律，做牙婆要用真名實姓，有固定居所，無劣行，並在地方上掛過號。其二，牙婆薦事，「女不為娼，男不背筐」。就是說，牙婆從來不與娼家打交道，不會把好人家的女兒賣到妓院裏去，也不能把經手的男孩兒賣到苦力行中去。雖然是牙子，但能自律，不幹缺德的事。

媒婆

媒婆，是專為他人介紹婚姻一行的婦女。古有「無媒不成婚」之說，《詩經》中所說「匪我愆期，子無良媒」，指的就是這件事。《風俗通》曰：「女媧禱祠神，祈而為女媒，因置婚姻。」《周禮》也記載：「媒氏掌萬民之判。凡男女自成名以上，皆書年月日名焉。令男三十而娶，女二十而嫁。」足知媒婆一行古已有之，「父母之命，媒妁之言」是放在同等重要的地位的。封建社會的自然經濟形態使人們「雞犬之聲相聞，民至老死不相往來」。自家兒女長大成人，卻不知哪家欲嫁女，哪家欲娶媳。委託媒人曲道求之，是封建社會求偶之法的重要形式，必須有媒人從中斡旋，方是好合。社會上對媒人這一行雖多褒貶之詞，但大多都是十分敬重的。

師婆

專指那些能過陰附體，滅鬼除妖，攝魄通神，以畫符施咒降大神為生的巫婆，市井俗稱「三仙姑」、「跳大神」者。這一行人自稱有通天之術，可以與鬼神交語，與上古祭儀中巫神的一脈相承，多是以女性充任。《三國演義》中便有「臣聞城中有一師婆，供奉一神，能知吉凶」。不過，近代市世的師婆並無那麼大的能力，只能為人託夢，與亡人對語，為病孩兒散米招魂兒等事，無非利用迷信掙些小錢而已。

虔婆

虔婆是指那些慣用甜言蜜語、哄騙錢財的婦女，如同賭臺上的老千，市井拍花一類的騙子。宋元時期，虔婆專指妓院的鴇母。在秦樓楚館、花坊窯子裏教導和管理妓女進行情色交易的婦人。嫖客們亦稱之為「老鴇」。「老鴇」一詞見於《說文解字》：「鴇，鳥也。肉出尺胾。」是說鴇鳥多肉肥大。古人發現，老鴇只有雌鳥，而無雄鳥。要繁衍後代，可以和任何其他鳥類交配，為萬鳥之妻，所以人們就用這種來代稱人盡可夫的妓女。明朝宋權的《丹丘先生論曲》曰：「妓女之老者曰鴇。喜淫而無厭，諸鳥求之即就。」這就把老鴇和妓女聯繫在一起了。

藥婆

是專指行醫賣藥的女人。有一點類似江湖郎中，不過她們是舊日的女醫生。封建社會的婦女，大門不出二門不邁，就是得了病，也違男避嫌，不讓男醫生近身診治。女人患了婦科病，如經血不調，不生不孕，或是生了乳瘡、惡

疾更是難以啟齒。因為社會的需要，婦女從醫的藥婆一行也就應運而生了。

　　婦女生有重疾，本家怯於物議，不能請男醫生入空看病，就不得不約請女醫師進入內室，望、聞、問、切，診脈診治，開方拿藥。這一行原本是救死扶傷、濟人危難、天經地義的正經職業。奈何，封建社會歧視婦人外出從業，故貶稱其為藥婆。一些傳奇小說還污茂其善用藥物或蟲蠱來毒害病人，是詩禮之家不可信用的人物。

穩婆

　　穩婆，是指舊日專門為產婦接生的接生婆。作為一種專門的職業，穩婆一行最初形成於東漢。到了唐宋時期，穩婆已做為一種職業非常盛行了。穩婆之謂，始見於蔣一葵所著的《長安客話》，文稱官府「每年都要選收生婆多名，以被官府選用。」而且，在選擇收生婆時，不僅要注重她們的體質，還要注重她們的容貌，稱為穩婆。後來，穩婆這一詞便成為收生婆的通稱。婦女懷胎十月，一朝臨盆生產，順利與否，母子皆命懸一線。俗語說：產婦「與閻王爺只隔著一層紙」是一點不假。尤其是在科學與衛生不發達的時代，女人生育需要有人助產，這行是不可或缺的。

　　生兒育女是生命繁衍、傳宗接代的大事。不論帝王之家還是平民百姓，無不視為是件重大的人生禮儀。婦人分娩之前，穩婆也就早早地請來。在她的指揮下，將產房所有窗戶封死，關門掛帳，不得閒人出入，生恐帶進不祥的邪氣。然後布置下手，在灶間燒滿三大桶開水備用。待產婦臨盆時，由助手抱腰，穩婆上手工作。所用的工具，就是隨身帶來的刀、剪等簡單的器具。順產尚好，小兒落地，母親平安。穩婆剪去臍帶，收拾胞衣。用溫水洗淨小兒，包紮好臍帶，抱進堂來，闔家一片歡愉。生男兒叫做「抱璋」，生了女孩就叫「弄瓦」。璋也好、瓦也好，母子平安是全家的大好事。

　　但是，如果碰到難產、橫生、倒產，穩婆老道，有經驗，手段高，或可成喜。如若不然，或產婦或小兒只保一個，或若母子雙雙難保，瞬間變成悲劇。再有，如接生的器具不衛生、或是臍帶包紮不好，胞衣清除不淨，母子被感染，得了「四六瘋」、「產後瘋」而導致產後死亡的，也是司空常見的事情。所以，舊日人人視穩婆如掌管生死薄的判官一般，大人孩子的生命都掌握在穩婆的手裏。幹這一行的多是中年婦女，而且是世代相傳的絕密手藝，所傳的只是兒媳，而不傳給女兒。因為女兒出嫁後，便是異姓之人，技術也會隨之傳往外姓人家，行成業務競爭對手。這也是這一行與別的行業傳流方式大相經庭。

煙畫上「三姑六婆」中的虔婆和穩婆。

穩婆是官稱，南方稱之為「老娘」，北方則稱之為「姥姥」。凡門首掛有「快馬輕車，某氏收生」字樣招牌的，就是這一行的標誌。穩婆的祖師供的是送子娘娘，快馬輕車的意思是說，送子娘娘的車輕馬快，收生婆的手眼利落。舊社會對這一行人又敬又貶。雖說她們的技術落後、行事保守，但接生助產，迎接了無數幼小生靈來到人間，功績莫大也。歷代的皇族貴戚對穩婆的待遇也都不薄，有不少穩婆當了王府公卿或皇帝老子的乾娘。當然，大多數的穩婆是沒有這般造化。給平民兒女當乾媽、乾姥姥的，在民間比比皆是。儘管如此，一些封建衛道士還是將她們列入「三姑六婆」之中，貶低之說也多見諸筆記小說、新老傳奇。

（七）外八行

在以正當行業為主流的「三百六十行」中，「外八行」則屬不為正業的行業。據明代傳奇的記述：「外八行」原是朱元璋親自封賜的，因為他出身草莽，造反起事後，交戰使用的文臣武將，無一不是「嘎雜拗種琉璃球、雞鳴狗盜殺人犯」，沒有一個正人君子，更沒有一個是忠厚老實的農民。不懼生死的悍將武夫，那一個不是趁火打劫、殺人越貨的強盜賊兇！及便有追隨造反的文化

人，大多是滿嘴塗油、心存異志的奸狡之徒。朱元璋當政之初，先未對手下的文臣武將予以殊殺，而對那些遊走四方、不務正業的人嚴格加以監督。在其親製的《大誥》中，明令各級政府要對不務正業的「外八行」嚴加管束。

「外八行」是一種江湖術語，指的是一些不能擺上檯面兒、不正經、不入流、不能與「三百六十行」同日而語的營生。其名目分別稱為「金點」、「乞丐」、「響馬」、「賊偷」、「倒斗」、「走山」、「領火」和「采水」等八種行業。這八種行業也被江湖合稱為「五行三家」。

金點

所謂的「金點」，指的是算卦、相面、占卜、測字、扶鸞、黃雀算命、打金錢課、摸骨、四柱命相，六柱風水等一行人的總稱。這行人自稱祖師爺為鬼谷子，學的是《易經》《八卦》《奇門遁甲》，他們以甲骨、銅錢或蓍草，占卜禍福吉凶、人生壽夭、論斷人生命運。

煙畫中「金點」行中人物，如測字先生和算命的瞎子。

幹這一行的人自幼拜師，斷字學藝，隨師遊走江湖，辨境識人，鍛鍊世故。且精通察顏觀色，揣摩心理學術。銅口鋼牙、天花亂墜，說活滴水不漏。雖有巧言令色之誑，但有正人君子之態。善用「水火簧」、熟讀《柳莊相法》《麻衣神相》《鐵關書》。練就「一言入心竅、一字定乾坤」，便可獨立為業了。這一行人全憑察言觀色之眼和三寸不爛之舌掙錢吃飯。其中，不能成大事者，張招擺攤，搖鈴行走，哄騙婦孺、走卒村夫，掙點解困錢。能成大事者可以登堂入室，佐官傍富，鬧個傍吃傍喝、衣食無憂。更有行走廟堂，參國理政的奇人，如劉伯溫、朱光旦之流，一生行跡、妙語驚人，亦深為後人佩服。朱元璋對這一行人防之尤甚。

乞丐

「乞」字在金文中的意思為乞求、乞討，反義用之則為給予。「丐」字又

作「句」，在卜辭中作祭祀用詞，如「崇雨，句於河」，是指向神靈乞求的意思。「乞丐」二字並用，則專指以乞討為生的人，它是一種古老的職業，俗稱「乞兒」、「乞棍」、「乞婆」、「花子」、「叫花子」、「要飯的」。這一行人尊崇的祖師爺是春秋時代的伍子胥，因為伍子胥在逃出吳國之後，一路上曾乞食浣紗之女、齊市吹簫。最終為姬光所識，殺了姬僚，借得兵馬，滅楚報仇。所以，他的英雄事蹟向為乞者膜拜，尊伍子胥為丐幫魁首。而今行乞者，皆稱自己落破的無奈之舉，世人不應蔑視。《太平廣記》則將乞丐與馬醫、酒保、傭作及人販子之流劃為一路，皆屬不勞而獲的墮民。

「乞丐」中大體分為「乞乞」和「響丐」兩大類。「乞乞」專以「殘、衰、孤、零」的形象，哭、跪、揖、拜、逢人扣頭，啼饑號寒，來感動路人的惻隱憐憫，以期慷慨解囊、給予相助。乞乞的方式多採用買凍兒、老背小、賣小孩、傷殘自毀、哀不欲生等手段博人同情。「響丐」則以賣唱、打牛胯骨、數來寶、肉蓮花、叫街、弄蛇、拍磚、上弔等手法驚人眼球，求得錢鈔。這一行人如果是真逢時災大疫，成為流民，舉目無食，尚可理解救助。他們多是可憐無依的破產農民，一但熬過困苦，自會還鄉散去，重理農事。但是，確實有不少城市墮民、懶漢、流氓、地痞，專門以乞討為生，結幫納夥，滋擾市井，給地方市容、治安和民眾的正常生活造成許多干擾與麻煩，使得歷代政府也不能不出面干涉，進行管理。

煙畫上的「乞丐」一行中「叫街的」和「要飯的」

明清兩代，政府對乞丐的管理都曾實現過制度化。在承認乞丐職業化的同時，將乞丐編入地方保甲組織，選立丐頭為管束人，俗稱「杆上的」。通過「杆上的」對各色乞丐登記造冊。列有丐頭姓名及管理乞丐人數、年齡、籍貫、體貌特徵和棲身之所。規定各坊乞丐的行乞範圍，制定規章制度，如不許硬索強討，不許違規滋事等等。對於少壯乞丐一律報送原籍，強迫他們勞動就業。同時，發放「恩賞米石」，收養老弱病殘，設立粥廠，為乞丐流民創造自食其力

的條件，目的是衛護城市治安。

響馬

「響馬」也叫「強盜」、「強人」，指的是打悶棍、勒脖兒、攔路搶劫、持械行兇的這一行人。這類「響馬崽子」不拉幫、不結夥，大多單打獨鬥，日間藏於荒郊僻巷，人稀路斜之處。有獨行之人或婦女路過，猛不丁地衝了出來，或用木棍、或用刀斧，嚇嚇打截。其實，他們並不想刻意傷人，只是想擄奪錢財衣物而已。

煙畫上「響馬」一行中的「勒脖兒」和「馬販子」。

例如「勒脖兒」一行人，晝伏於荒郊僻野，見到單身行人，冷不防地躍身而出，雙手拿著一條棉布腰帶，從路人身後套著他的脖頸。轉身背起便跑，任憑被套之人掙扎。不及十步之遙，被套之人便似氣絕。勒脖的見背上的人已不能反抗，就把他撂在地上，將其身上所帶錢物一併搜出，裝到自己的搭袋裏。而把書信、證件和一些零碎錢，重新放入被套之人的懷中。收拾完畢，蹲於被套人的身後，將昏迷者上身扶起，左手掐住人中，右手狠狠拍打其背。「啪、啪、啪」三下，氣閉之人登時復蘇，不待其還神，勒脖兒的便收起腰帶，背上搭褳快步走向大道了。路上如遇到過客，還會很客氣的告知，前邊有人昏倒，現已復蘇，尚在路邊休息。我因有事難以滯留，故先走一步。您若是遇上，可代為關照關照等語，情詞懇切。然後告別，真像個大大的好人。

這一行的人說，我們不是強盜，我們是按行規辦事的。行規有「三不套、三不取」。老弱疾殘不套，單身婦女不套，貧苦落破不套；貴重的金銀珠寶不取；散碎零錢不取，書信文字不取；勒脖兒的作案工具，必須用棉布腰帶，一是，不用時纏於腰間，不露行跡；其二，腰帶寬軟，可以勒人窒息，但不會使人致死；從來不許用繩索、鋼絲、細帶兒、蔴繩兒做活兒。幹勒脖兒也要拜師學徒。首先學的是，要會使氣絕之人恢復元氣的技術。同時，要學會手法麻利，幹活利索；要學會「踩地」（選擇做活的地點）和挨打。凡是作賊、偷、截、

搶的，都要學會挨打，耐刑的工夫。也就是不怕拷打，不懼刑罰，不畏皮肉之苦。目的在於，一旦作活兒事敗，被捕犯案，要經得住拷打之苦，而不供認前科，不盤葛他人。真地做到「打死我也不說」，也就保護了自己。民初陳蝶衣有《香港竹枝詞》云：

> 盜風日熾客心驚，衣錦人皆減夜行；最怕遭逢勒頸黨，尖刀一
> 把逼囊傾。

大的「響馬」，則是結朋聚夥，佔地為王，專門攔截商隊、渾打鏢行，搶截財貨。這一行人聲稱自己是綠林好漢，其實都是鬍子山賊。他們在作案時，前鋒探馬看準目標後，施放響箭報警，故而贏得「響馬」之名。響箭一鳴，眾匪就會放馬殺出，搶劫貨物輜重。

還有一個說法，稱「響馬」一詞源自明朝初年，因為政府官養馬匹的《馬政》改為「民牧」，政府與養馬戶訂有按期交納馬駒數目的協議。養好了，多駒可自留。如果沒養好，到期交駒不夠，合同不能兌現，養馬戶必須包賠。趕上災年，養馬戶多因此破產，而轉身一變，成為抗官抗稅的「響馬」，他們結夥成群，變成打截為生的強盜。顧炎武在《天下郡國利病書》中稱：

> 江南之患糧為最，河北之患馬為最。正德五年，河北文安縣人
> 劉六、劉七、楊虎等人起義，一呼百應，聚流民、屯軍數千人造反，
> 屢敗官軍，被政府呼作「響馬盜」，三年弭平。

煙畫上「標行」這一行當。為了防止「響馬」的行徑，保衛商賈
的貨物，民間便出現了保標的「標行」。

就此，以「響馬」著稱的盜匪之名就流傳下來。為了防止「響馬」的罪惡行徑，保衛商賈的貨物安全，民間便出現了以武林人士組成的標局，保標的這一行當也就應運而生了。京劇中的黃三太、黃天霸都是標行赫赫有名的人物。

賊偷

「賊偷」一行自古以來冠以盜名。小偷、小摸俗稱「小綹」，大多在市井鬧市、街頭巷尾、商賈渾雜、男女憑多的地方作案，偷些零錢雜物、香囊繡袋，或探囊取物、或順手牽羊，得些利市，維持生活。

煙畫「賊偷」一行中的「小綹」和「小偷」。

上圖這張煙畫畫的是賣耳挖勺的，可以說這是最為本小利微的一個行業。但，作者著墨點卻是在於那個正在行竊的小綹。比起賣耳挖勺的來說，小綹則全然是件不要本錢的生意。這等職業對社會騷擾極大。《東華瑣尋》稱：「京城歲時廟會，以遊人填塞。故多草竊剪綹之事。蓋乘人不覺，以剪竊物，其術百端，其徒極眾。且出沒不時。雖有巡緝，街市兵卒，每難以弋獲」。

齊如山先生為深入瞭解這一行的門徑，刻意向門里人一一求教，始得冰山一角。要以小綹為業者，必先由這一行裏頭面人物引薦。師傅若應諾說：「先見見。」便由薦舉人將後學引至家中，一不叩頭，二不拜師，留在師傅家中居住，給師傅師母幹些雜務活兒。師傅在一旁側目相看。經個月期程，師傅看清了這孩子的手腳長短、脾氣秉性、待人接物、聰明與否，才決定收與不收這個徒弟。不是這個材料，向中人說明原委，將人領走。如果決定收徒，再由人寫契約，薦人作保，三拜九叩，才算正式拜師。因為這行屬「陰道」，寫好的契約劃押後，囑徒弟朗讀一遍，當時燒毀。儀式完畢，待舉薦人走後，留下一位大師哥，當即教授一課。師傅親自示範，或「雁過拔毛」、或「順手牽羊」，在眾目睽睽之下，探囊取物，隨心所欲，如同變戲法兒一般。事畢，師母端上酒菜，師傅一邊吃喝，一邊曉以大意。先講明「任何職業，本無高低貴賤之分。財物流轉，皆係天意。本行祖師爺乃漢武帝時的東方朔，其號曼倩。秉性詼諧，遊戲人生。此業乃英雄苟且，調笑果腹耳」。並且講明業中有「三不偷」的規定。「一，饑人購米之錢，不偷；二，急人買藥之錢，不偷；三，就木置材之錢，不偷」，叫徒弟牢記。三年中，徒弟在家修煉，並不出門作業。學成之後，

師傅方正式請來門中的師叔、師舅、二大爺，一一介紹，囑託關照。並講明上道後的要領，門坎、地界，方由大師哥帶到鬧市之中護持實習。一節（即三個月）平安無事，然後才能獨立放飛。

「賊」的名聲和作為大於「偷」。技藝高超的，如「雞鳴」、「狗盜」之輩還得到孟嘗君的禮賢，與詩書文墨之人同享「食客」的待遇。技藝高者可以飛簷走壁，穿牆破戶，夜入明堂，日出府邸，能竊九龍之杯、可盜雁翎之甲，師從鼓上蚤，祖師楚笯嚳。近代有燕子李三，他的事蹟又上小說、又拍電影，至今流傳不衰。因之「賊偷」一行大沾其光，使其極富傳奇色彩。

倒斗

「倒斗」是指專事掘墳盜墓的一行人。古代的墓穴，形狀酷似一個倒金字塔型的模樣，也就是古代的計量的升斗一樣。所謂「倒斗」，就是用一柄「洛陽鏟」能把這個墓斗給翻轉開來。舊日，人死之後具為土葬，上至君主貴族，下至草民百姓，死者的墳墓除了修在山腹之中，多半都埋入郊野，地面上豎一墓碑，碑後建有封土堆為墳墓。古人對待亡靈「侍死如侍生」，死者生前喜愛之物多用於隨葬。富貴人家的隨葬物和冥器都很貴重，置放在地宮的「斗」中，取出這些物器最好的方法就是把「斗」翻過來，所以叫「倒斗」。這種掘墳盜墓的行徑歷來為人所不恥，視為缺德之為，驚動陰魂，自己也不得好死。

走山

「走山」是地質災害的一種自然現象。原是指斜坡上的岩石土方由於地震、暴雨、山洪種種原因的影響，在重力作用下，沿著山體的軟弱地帶整體下滑，稱為「走山」。在「外八行」中，「走山」專指騙術一行。騙術當中包含蠱門，屬巫卜之列。如，張天師、聞太師能奇門遁甲，撒豆成兵、黃褾祭天，畫咒為醫。這一行善使邪氣鬼乍，以假似真，惑人視聽。成大事的，可呼風喚雨、趕屍還魂，人稱大巫。

成不了大事的，或成為「老千」，或成為變戲法的幻術師。「老千」的祖師爺為伏羲氏，他能推演八卦，設立虡門，原本希望救苦度世、濟困助貧，但後來卻演變成爾虞我詐、坑蒙拐騙的一種手段。江湖亂世之中的開局設賭、拐賣人口、「拍花子」、「放白鴿」、「仙人跳」、「吃白相」均屬此列。此外在市廛當中，落地變戲法的、跳加官的、打把式賣藝的，凡使障眼法、巧機關、「上指下掏，左亮右操」的，都屬「走山」一行。

煙畫上「走山」一行人的行徑，如呼風喚雨的張天師，街頭開局設賭的騙子。

領火

「領火」屬江湖上的索命一門，其祖師為春秋時代的專諸、要離和荊軻。用現在的話說，這一行就是用性命賭輸贏的殺手刺客。這行人性格孤僻、行為怪異，但意志堅強，寧折不屈，好像天生下來就是不懼生死，為人賣命的。歷史上有名的刺客無不本著為民、為忠、為義、為天下的信念，去做那「壯士一去不復還」的偉大事業。而近代索命一門，則演變成了拿人錢財，替人索命的局面。如果說，他們還是為了錢？為了忠？為了信？為了義？皆不可信。但是，在近代發生的一些刑事案件中，幹「領火」這一行的還真是大有人在。

采水

「采水」是江湖隱語中遭蹋女人的一句詞語。「采」字與「採」和「踩」字通。「水」字即為「賤水」、「淫水」，暗指淫蕩的、水性揚花不正經的女人。

「采水」一行中下等妓女在拉客。

「采」字係「抽、坎、填、離」之意，隱為男女性交之法。道家丹門功謂男女雙修時，必用「九淺一深」之術。以意引氣提至上丹田，復返下經心、口再入丹田，由丹田直通命門再奔氣海，再至下丹田，靜守一會兒。當陽氣發動，即縮肛收尾閭，一起提上泥丸宮，落於上丹田，再按原路進行運氣，意氣仍返

中丹田。這種在性交時的運氣方法，可以採陰補陽，健身強體，壽至龜齡。「采水」實指鴇母、妓女一行。

娼妓這一行最早出現於春秋戰國時期，《史記‧貨殖列傳》中記載：「趙女鄭姬，設形容，鳴琴，揄長袂，躡利屣，目挑心招，出不遠千里，不擇老少者，奔富厚也。」《詩經》亦有：「漢有游女，不可求思」之說。說明彼時民間娼女已然很多。後來，出現了「軍妓」。《越絕書》載：「越王句踐輸有過寡婦於山上，使士之憂思者遊之，以娛其意」。設立「軍妓」是用來解決軍中士氣低落的問題。而組織妓院，正式設立娼妓一行則是齊國丞相管仲開創的。管仲，名夷吾，原本是個商人，後為齊桓公所用，當了丞相。他治理國家、發展經濟方面實行了一系列改革。為了促進通商、發展外交，而設置了官辦的「女閭」，用來吸引和招待各國使者和商人。《周禮》記載：彼時有女閭 300 戶，「五家為比」，「五比為閭」，一閭是 25 家，妓院的總數為 7500 戶。每戶有妓女若干，在鴇母的馴導下，授以「媚術」和交接之法，從而迎來商旅萬千，使者如雲。這一「開放搞活」的改革，使齊國迅速變得富足強大起來，齊桓公成了一時的霸主，美談至今。

（八）三教九流

所謂的「三教九流」，中間有很多的行當和說詞。「三教」者，指的是「儒教、佛教、道教」，「九流」者，原本指的是秦漢時期的九大學術流派，即儒家者流、陰陽家者流、道家者流、法家者流、農家者流、名家者流、墨家者流、縱橫家者流、雜家者流。後來這個詞彙被庸俗化了，用在「三十六行」中，把不同的職業和行業用上等、中等、下等進行劃分，就出現了新的「九流」之說。

俗謂「上九流」，指的是帝王，聖賢，文人，舉子，農民，工伕，商賈，武士，書生。「中九流」則指童仙，相命，郎中，丹青，隱士，琴棋，僧侶，道士，尼姑。這些行當大多屬權貴的附庸，他們靠個人的技藝和手藝，或給人做道場、裝門面，或幫閒、鼓吹來掙錢吃飯。

而「下九流」，指的則是衙差、梆子、時妖、打狗、腳夫、高臺、吹拉、馬戲和娼妓這九類人。衙差一行，指的是各級衙門口吃官糧的工作人員，其中包括師爺、書隸、皁隸、掌刑、站班、門子、捕快、獄吏、獄卒、刑官、儈子手等。他們為權勢服務，媚上壓下，見了窮人就欺負，見了長官就趴下，奴顏

媚骨、狗仗人勢，多為世人輕賤，所以一概劃入下九流之內。

煙畫「三教九流」中和尚賣經卷、老道看風水、以及「下九流」中打更、衙吏、阡腳和刷馬子諸行。

梆子

「梆子」一行是指封建時期各地衙門口指定的更伕，也就是巡更守夜的當值人員。這一行人用的響器，除了一柄低音破鑼之外，還有一柄用竹子或挖空的木頭製成的梆子，輕輕敲打，即發出嘭嘭的響聲。巡更人擊打梆子兩下，接著就報一聲「平安無事」了。其作用一為報告時辰，二是為了提醒百姓夜裏掩門閉戶、防賊、防盜、小心燈火蠟燭。打更這一行並沒有官響，些微收入是由地方保甲支付，並提供值夜的住處。幹這一行的多由叫花子充任，如京劇《玉堂春》中落破的王金龍一般，讓人著實看不起。

時妖

「時妖」一行，指的是拐子、騙子、拍花子之類的惡人。他們專門在大街小巷游蕩潛行，趁人不備，用「迷魂藥」誘拐兒童。然後易手倒賣，坑騙錢財。

這類人就是在「下九流」中，也是被同流人看不起的，是惡行中的惡行，極不道德。但是，在江湖中，「時妖」也是一種職業。知情的行內人對他們這一行從不聯手作案，對他們避而遠之，但也不去揭發舉報。即使「時妖」的行色失檢，被苦主識破，又被官府緝拿，同僚們也決不會出面相救，由他們自認倒楣罷了。

打狗

「打狗」又是一個特別的行當，作用是消滅城鎮中的四處流竄的野貓野狗，以防止它們傷人害物。但這一行漢人不為，多由高麗籍的「打狗」專業戶來承擔。每到二八月犬畜交配之期，野狗猖獗，恣擾市容。保甲頭就出面把打狗的任務交給「打狗」專業戶處理。這些高麗人都是在城裏落了腳的移民，找個生理工作也很不容易，但是「打狗」卻是他們的長項。

說是打狗，實為套狗。他們善於使用一種帶套的長桿，輕而易舉的就能把野狗套住，擒入籠車。一天下來能套上十來隻，賣給經營狗肉的湯鍋戶屠殺，也是一筆不小的收入。狗通人性，將其擒拿殺戮也是件十分殘忍的事情。所以人們把這一行也納入「下九流」之內。

腳夫

「腳夫」，也叫趕腳的，司業者多是鄉下人，牽著一頭驢或是一頭騾子在城市郊區馱人載客，自己為人家扛著行李跟著跑，無冬歷夏在牲口後邊跟著走，掙的是個辛苦錢，一天下來，趵去草料錢，也就落上二斤棒子麵。鄉下人在城裏混事本身就叫人看不起，且每日在牲口屁股後邊混飯吃，自然就落個下九流的名分。「腳夫」這一行也包括挑夫，挑夫就靠一付扁擔，為行路之人挑著行囊包裹匆匆趕路。長途也好，短途也罷，一路行來，一身臭汗，自稱人下人，苦了腳底板兒！

高臺

有的說「高臺」一詞是取自戲劇行的「高臺教化」，其實不對。就因為唱戲的這一行人都在高高的臺上演出，因而名之。「高臺」也就指以演戲為生的戲子一行。這一行源自古代的娼優、家妓，他們粉墨作場，曲演人生，裝龍為龍、裝虎為虎，生旦淨丑，褒貶時事。尤其裝旦一角，古人稱旦為狙。在世俗的眼裏，旦能狐媚惑主，亂人心性，扭捏作態，沾辱斯文，一向被人視為輕賤下作，所以「高臺」被列入下流的職業。戲子一詞貶盡了這一行的男男女女。

吹拉

「吹拉」，北方稱為文場，南方稱「堂茗」。這行人善於吹、拉、彈、唱，除了能為戲班伴奏之外，還能接堂會，接親、迎娶、伺候喜誕、壽誕、辦紅白喜事，蓋棺、發喪，都有「吹拉」的身影。尤其，這一行人發喪、送葬、吹死人都是本行職業的所在，如同孝子賢孫一般，人前低一等，被人看不起，視為下九流的玩藝兒。進入民國之後，這一行人也都追趕潮流，棄舊更新，吹打起洋鼓洋號，連報喜事、搞遊行、散廣告的事兒都接活理事，但終難脫舊籍，依然列為「下九流」之業。

馬戲

「馬戲」一詞最初見於漢桓寬的《鹽鐵論》，屬雜技百戲一門。原本是指胡人善於馭馬，長於馬上征戰，並能在馬上翻、轉、騰、挪，作出各種驚險的動作。後來，此技被趙武靈王引入，練習胡服騎射時，馬術就成為騎兵馴練的一種技術。隨著時代的變遷，馬術逐漸落入民間，執藝者做馬上特技表演，掙錢養家糊口，稱之為馬戲。這一行人多出自河北吳橋、內蒙呼和一帶，老少男女多有此技，他們牽著一匹駿馬走南闖北，自視甚高，嘗以江湖英雄自居。但在觀眾眼裏，這些小技也是花拳繡腿一般，無非逗人一樂而已。這行人終年與馬匹打交道，別無長技，與馬伕、馬賊無別，故而也被畫入「下九流」之列。

煙畫「下九流」中殺豬的、吹拉的、剃頭的、唱曲兒的諸行。

　　「下九流」中最末一行，依然是青樓娼妓。這一行以聲色求財，以買肉為術。一個女人在床榻之上賣春售色，在世人眼中，她們不是褒姒便是妲己，有何品評可言。「生為下九流，死入阿鼻獄」，這都是貪淫貪色的假道學的咀咒。筆者也就不在此贅述了。

　　民間關於上九流，中九流，下九流之說還有許多種。如清代咸同年間的刻本《順口溜》稱：「上九流：一流佛祖二流仙，三流皇帝四流官，五流燒鍋六流當，七商八客九種田。中九流：一流舉子二流醫，三流風水四流批，五流丹青六流相，七僧八道九琴棋。下九流：一流巫二流娼，三流大神四流幫，五剃頭六吹手，七戲子，八叫街，九賣糖。」

　　而光緒年間的坊間刻本《小兒語》則稱：「上九流為：一佛，二仙，三聖賢，四官，五卿，六相，七僧，八道，九莊田；中九流為：一評書，二醫，三卜筮，四棋，五丹青，六仕，七橫，八義，九打漁。下九流則為：一高臺，二吹鼓，三馬戲，四剃頭，五池子（開澡堂），六搓背，七修腳，八配種，九娼妓。」

　　但都大同小異，筆者也就不一一評說了。

（九）下三爛

　　「下三爛」一詞，原本是糧行裏磨麵的行話。舊日，手工磨麵粉需經過很多次的循環工藝，每磨一次稱為一「爛」。「頭一爛」磨出的麵粉比較粗糙，含有許多麥糠，「第二爛」磨出的麵粉是精華的部分，出的數量也很多。「第三爛」之後，磨出麵粉都是質量不好的秕糠、貼皮、或是碎皮了，統稱為「下三爛」，是「不太好的糧食」。後來，此語被引入民間，人們對不好的職業、不正經的東西，不好的人均貶為「下三爛」。就這樣「下三爛」成了一句罵人的貶義詞。「下三爛」泛指社會下層就業人數特別多的幾種職業，如捏腳、剃頭、三行、按摩、搓澡、掃街、刷馬桶、拾毛襤等，低三下氣侍候人，仰人鼻息掙小錢。

　　其中的「三行」是舊日戲園子裏，在前臺忙活著「送手巾把兒的」、果子攤和茶房這三種服務人員的統稱。別看是三種工作互不搭界，但當時均被籠統地稱在三行之內。如果你單問甩手巾把兒的，您是啥職業？他會很痛快地回答說：「三行」。問賣糖果茶食的、問提著茶壺送水的，他們也會如是說：「三行」。我國舊戲園子都是從茶園轉化過來的，一向是旗人、商賈和閒人喝茶、聊天兒、

聽戲、解悶兒內地方。老戲園子都帶有老茶館的餘韻，茶房、果子攤和手巾把兒與戲園子的服務也都融為一體了。「手巾把兒」這一門原是從老茶館中「熟水揩面」這項服務中傳承過來的。清代茶館每見到風塵僕僕的客人，或是汗流夾背的客人進門，夥計馬上要端上一盆熱水，遞上一條手巾，請客人洗臉擦汗，然後再上茶點。而戲園子大，人又多，不能一一侍候，於是就改成兩個夥計幹活兒。戲臺前放一個大水盆，盆中放著滾熱的開水。上手夥計把一摺雪白的羊肚兒毛巾一一放在盆中蕩淨、擰乾，而後，噴上花露水，香噴噴地拋給遠處的下手夥計。再由下手夥計遞給聽戲的人揩面。尤其在暑天，這項服務挺受歡迎。戲園子里人多悶熱，熱手巾把兒一擦，打心眼裏通快。打手巾把兒的哥倆在拋遞手巾把兒的時候，常常花樣翻新，一會兒「張飛蹁馬」，一會兒「蘇秦背劍」，有時招來的好兒，比臺上的角兒都多。為此，也能收到不少小費。

果子攤是在園子裏走動，專門向聽戲的兜售糖果、瓜子、開花豆、各種香煙、雜食的夥計。幹這種活的脖子上掛著一個果食匣子，人要機靈，手頭麻利，找錢快索。眼神要好，多遠的顧客有買東西的動靜，一望就知。而且聲到人到，遞貨周到。見到老人遞餅乾，見到小孩就塞糖，為的是多掙零錢，幹這一行的是別有一番工夫。茶房一行腰裏繫著一個藍圍裙，圍裙口袋裏裝著上、中、下三種茶葉。左手舉著一摞帶鉤子把兒的杯子。哪位看客要喝茶，他就把帶鉤兒的杯子把兒在前排的椅子背上一掛，再根據顧客所付茶資的多少，從圍裙裏拿出不同的茶葉放入杯中，右手把盛開水的大鐵壺高高一舉，把水衝入茶杯之內。講究開水不滋不濺，不欠不冒，一碗開水沖得茶葉團團亂轉，香氣散開，恰到好處。茶房整天价提著一壺開水，滿園子亂轉，逢人多處，閃、轉、騰、挪、慢回身，沒受過專門馴練，是根本幹不了這行生意的。

三行是有行會組織的，多是父子輩輩相傳，不在組織的幹不了三行。在戲園子裏做事由，每月要交付戲園老闆定例。因為有經營利益在內，三行在前臺這麼一熱鬧，是很影響臺上的演出效果。一般唱戲的角兒也得讓前臺三分，要不然，在正要叫好的節骨眼上，三行在臺下一開攬，不是甩手巾把兒，就是燙了人，能把飛到口裏的蹦豆子又蹦了出去，那才惱人哪！因此，大凡好角兒打泡，或是唱大義務戲，劇團都要開一個小份兒給三行頭兒，拜託三行在角兒唱到要勁的時候，收著點，別動彈。待角兒下場後，再去兜攬各自的生意。

煙畫中老戲園子裏的「三行」和替飯館「送外賣的」。

還有一行人是「送外賣的」，這行人本身並不是飯館、飯莊裏的夥計，也不掙飯館、飯莊的鈔票。他們只憑一條扁擔、兩大食盒和一雙好的腿腳為商戶的經理夥計送包飯的。掙的是吃主兒給的月錢。舊日商鋪雲集的地段，如北京大柵欄、上海南京路、蘇州觀前街等地，商務繁忙，到了飯口上，櫃上的經理夥計都離不開身，他們就在左近的飯館、飯莊裏訂包飯。櫃上就雇庸送外賣的按時送飯。這一行人講究腿腳麻利、幹活利索，有眼力見。飯莊出的飯菜連湯帶水，挑起來不灑不漏，送到櫃上講究熱騰騰的，像剛出鍋的一般。送完一家再送下一家。自己估計準了時候，返回收拾碗筷，恰到好處。若有好的剩魚剩菜，收拾「折籮」，自己還鬧些喝酒的好下水。幹這一行腿要勤、嘴要甜，月底的小費還會收得多點兒。因為仰人鼻息討生活，與要飯的也強不了多少，也被俗人視為「下三爛」。

（十）煙毒賭押

煙草是在明朝萬曆年間從海外傳至漳州的。趙學敏的《本草綱目拾遺》中引用張景岳之說，謂「煙草味辛氣溫，性微熱。此物自古未聞，近自我明萬曆時，出於閩廣之間，自後吳楚地土皆種植之」。到了明朝滅亡之前，吸煙之風在我國城鄉已經十分盛行了。為此崇禎皇帝為了振奮國威，還一度降旨嚴令禁止種煙草和吸煙，但是癮君子過多，一篇禁諭是解決不了問題的。到了清代，煙草製品更加多了起來，旱煙、水煙、鼻煙都進入了尋常百姓家，成了每天開門的第八件事了。

及至清代末年，西方經濟文化的浸入，雪茄煙、紙卷香煙也大肆滲入，使中國人吸食煙草的市場又上升到一個新的高度。尤其吸食紙卷香煙人都說，香煙有生津止渴、養目提神、舒筋活血、健體強身等諸般好處。不吸煙者也無庸反駁，除了耗財，必竟似無大礙。在煙畫《三百六十行》中，嘴裏叼著香煙的官僚、文化人、販夫走卒、引車賣漿的小販、作坊裏的工人無計其數，形成了

一種獨特的煙文化現象。

而鴉片煙則是地地道道的毒品了。早在公元七八世紀的時候，鴉片是作為藥材從印度傳入中國。據稱當時對鴉片的評價極高：「神方千卷，藥名八百中，黃丸能差千阿，善除萬病」。因之，吸食者甚重，鴉片煙便風行起來。但鴉片含毒，人吸食後會成癮，一蹶不振、形如病夫。清代俞蛟撰《夢廠雜著》中這樣記錄鴉片吸食的痛苦：「癮至，其人涕淚交橫，手足委頓不能舉，即白刃加於前，豹虎逼於後，亦唯俯首受死，不能稍為運動也。故久食鴉片者，肩聳項縮，顏色枯羸奄奄若病夫初起。」廣州、上海煙館林立，設施高雅：「有紅木梨花的炕，雲銅黃竹的槍，廣州的燈，雲南的斗，知己相約，展煙對憩，吞吐煙霞洵可藥也。」上等人如此，流毒所至，中、下等人也爭著儕身其內。這種害人的東西，不僅使健康的國民墮為東亞病夫，而且使大量的白銀滾滾外流。造成兩次鴉片戰爭，傷害了民財國力。還被列強的堅船利炮轟開了國門，簽署了無數喪權辱國的種種條約。而國民不懼煙毒之害，賣煙膏、煙槍、煙燈的照樣招搖過市，成了一行生意。煙畫中竟還有購買煙灰的一行。如圖所示，購買者論兩論錢，說好說壞，賣煙灰的癮君子則在一旁錙銖計較，絲毫不讓。可知鴉片毒害國民之深。

煙畫中製賭具麻將牌、賣大煙灰。賣白粉的、小押。

又如「賣白粉的」，白粉兒俗稱白麵兒，也就是今人所稱的海洛因。當年因技術所限，提煉的純度遠遠低於而今。梁實秋的《雅舍小品》稱之為「高射煙」。吸用方法，是在鬆散的香煙頂端放入些許，用火柴點著，與煙草一起吸

食,清代已十分流行。賣白粉兒的在一處不招眼的地段堂皇而坐,盤中的白粉兒明碼標價,九文一勺。身邊還有託兒幫助薦售。他們拉住路人,宣傳白粉兒的妙用,引人吸食。但終因毒品是害人之物,白粉不能正式設店銷售,賣粉兒的身後放有雨傘和包袱,一有糾紛,抽身便走。此業實非正道。政府一旦查禁,此行也就消聲匿跡了。查禁一過,此業復萌。清末民初政府忙於政治,無力管制禁毒,所以此行十分猖獗。

而下談到小押,說是典當業中的一種,也是以物品為抵押的限期有息借貸,但為害社會極重。清王杰等撰《大清會典事例》中記有:「現街市有買零星小押鋪,不過希圖謀利,而鼠竊匪徒,藉以消髒。」足見小押一行的出現,即非正途,個中藏污納垢,穢行無端,此業一直沒得到政府的認可,是一門「地下的生意」!在大城市中的毒窟、賭穴、娼寮近側,小押極多。他們在黑勢力的保護下,橫行不法,滋事不法。齊如山先生說:「一般人因不願往當鋪或有背人之物出手,則投奔小押;所以這一行的生意亦頗不惡。蓋其意不在乎生意之多,乃在得便宜之賊髒私貨也」。他還舉了一個例子說:有一位朋友「其先世因不務正業,由家中偷出價值一千二百金之房契一份,以當十錢六弔,當死於小押,後竟無法查找」。如此不肖子弟是最受小押歡迎的顧客。

小押為了暴利,什麼都可以質押,小如茶壺、茶碗、貼身衣褲,大如床架、立櫃,房產、地契,以至男女人口。軍閥混戰之際,天津三不管的小押,曾公然質押災民兒女、懶漢婦人,轉手發賣妓院或關外得錢,無人管得。直至民國中年,法律逐漸建全實施,小押才被明令取締。以上這些煙毒賭押,在煙畫《三百六十行》中都有描繪。

「五花八門」這句話是說事物繁多,變化莫測的意思。最早出自明刊《虞初新志》,其中有這樣一段話:「伏龍以西,群峰亂峙,四布羅列,如平沙萬幕,八門五花」。其中的「五花」指的金、木、水、火、土的五行陣法,是道家將五行文化融合到陣法中,可以生成多種變化。而「八門」,則指道家的乾、坤、坎、離、震、艮、巽、兌,的八卦陣,人入其中,難以解脫。後來,民間將「五花八門」具象化,用於百工雜役不同行業之中。稱「五花」,分別是金菊花、木棉花、水仙花、火棘花、土牛花。成了一種代有貶義的江湖術語。其中,金菊花指的是賣茶葉或賣茶水這一行的女人。木棉花是指能出入閨閣為婦女治病的女郎中。水仙花則是指在查樓酒樓上賣唱的歌女或女藝人。火棘花是在社火廟會中跑馬賣藝、要弄雜技的女藝人。土牛花則是指在市井中拾毛襤、掃街、

刷馬桶等十分的辛苦的貧婦人。

而所謂的「八門」指的是靠口舌和擺地攤來掙錢吃飯人。第一門是「金」，指江湖相面和算卦的人，他們或走街串巷、或擺設卦攤，專門給人看手相、面相，測八字，或為人代寫書信，以此謀取生活。第二門是「皮」，指的就是挑招漢、挑罕子、挑將漢之類的賣藥人。第三門是「彩」，彩就是變戲法的。第四是「掛」，指的是江湖賣藝、賣武藝的，耍大刀的人。第五是「評」，評就是指說書的。第六是團，街頭廟會上說相聲或者唱漁鼓、太平歌詞、單弦排子曲的藝人。第七門是「調」，指的是街頭搭篷紮紙，糊頂棚、裱糊牆、紮草編等等，此行現在已經不見了。第八是「柳」，指北方唱大鼓的，江湖管這個行業叫「柳海轟」。以上所說，在前文多有重複，筆者在這裡也就不再囉嗦了。

（十一）消失了的職業

民俗學家金受申先生在八十年前撰寫的《洋煙畫》一文中寫道：他在欣賞兀即吾先生收藏的香煙畫片中看到了一套《三百六十行》，覺得這套作品太珍貴、太有價值了。因為在畫上描繪的市井行當中，有不少行當早已消失、不復存在了。他舉了「收鍋底灰」、「祝由治病」等等例子。

「收鍋底灰」的一行古來有之，大概是從古人製墨的一行中演變出來的。北魏賈思勰的《齊民要術》和宋應星的《天工開物》均記有古人製墨時方法，所用的原材料多用松木、桐油燒煙，積到一定程度，將灰燼收取下來，和以焦油、牛漆揉製成墨錠，風乾後上市銷售。且根據質量分為上、中、下，據質而沽。如用鍋底灰加牛漆揉製，但質量最差，且污卷褪色，不堪使用。但因價格便宜，也有市場，供孩子們練字塗鴉。隨著時代的進步，製墨技術發生了很大的變化，用色料勾兌，製成的墨錠、墨汁，物美價廉。再去收購鍋底灰已無任何價值。因此，這一行當的消失也附合自然規律。

又如「祝由治病」這一行，過去只知辭書上存有條目，稱之為「祝由科」。然而問遍中、西醫，竟無人知曉是何行徑。《素問》有《移情變氣論》一說：「余聞古之治病，惟其移情變氣可祝由而已。」注曰：「由，從也；言通祝於神明，病從而可愈已。」按《古今醫統》稱：「苗父上古神醫，古祝由科，此其由也。」且留有《祝由十三科》一書傳世，後已失逸。噢，原來是一種傳自上古，治病不用藥，全憑符咒的醫療方法。此行早已絕跡，卻不想在煙畫上還殘存描述。醫者焚符施咒，手舞足蹈地為病人治療腿疾。可知，這一源於上古

的行經，至少清末還在流傳。其後，隨著醫學的進步，此行也就退出歷史舞臺了。

煙畫中「收鍋底灰」的、「祝由治病」、「賣小轎的」和「猜枚賣果」等近於消失的行業。

　　圖中還有一門很獨特的生意「賣春宮」，也叫賣春畫、賣避火圖。這行生意淵源已久，自明、清以來，販賣春宮的行街小販都是夫婦同行，勤勉執業。妻子背著「圖畫」，丈夫推銷薦售，言語規矩、神色肅穆，非淫非盜，行不苟且，做的是正經八板的生意。舊社會雖然十分封建，但春畫的繪製發賣從未間歇。書坊、畫坊；木版年畫、木版插圖，無時無刻不在繪製印行這類作品，俗稱春捲兒、春冊，後門畫、箱底畫、床公床母，一直在廣泛傳播。

煙畫中兩個近於消失的行業即「賣春宮的」的和「賣刨花城的」。

　　春宮是性教育的一種方式。舊日女孩出嫁、諸事不知，要由母、嫂授以圖冊，壓在嫁妝的箱底之下，囑其讀之，以啟情竇。另外，時人都相信：「男女和合，多子多孫，平安啟福，諸事順利。」家有春宮一冊，是件大吉大利之物。

　　商家更離不開此物。家家的櫃檯、賬房、棧庫的秘密處，都要放置春宮畫

冊，言為「避火」之用。這就是春宮畫又稱「避火圖」的來由。

喻血輪在《綺情樓雜記》中說：火神是位閨閣淑女，有婢女三十六人。因為犯過天奈，被玉帝降為灶下婢，專門掌管人間火事。平時她身著黃衣；發怒的時候，則身著紅衣，這就表明火災已快要發生了。此婢所過之處，一切都會燒得乾乾淨淨。火神是位老閨女，視男女房事最為齷齪，一但有所查覺，就避走到很遠的地方去了。因此，凡放置春畫的地方，也就起到了避除火災的作用。

舊日商家最怕著火，都要購買「避火圖」，將之放在賬房櫃後和倉庫梁脊之上，如同張貼「小心燭火」的告示一樣，以求禳災避禍。民國伊始，政府明令取締春宮，這一行業也就消亡了。

又如煙畫所畫的「賣刨花城的」、「捎書信的」、「耍骨骨丟的」、「賣官報的」、「唱新聞的」、「化蠟千的」、「猜枚賣果」等各種行業，隨著時代的進步很快就消失在市廛之中，進入民國後已近乎絕跡。唯有煙畫「三百六十行」中還留有這些行當的身影。

（十二）歐風東漸

鴉片戰爭的失敗，大清的國門被眾列強的船堅炮利打開，西方的經濟文化逐漸侵入封建小農經濟的市井生活當中。傳統的「三百六十行」遂被「摻沙子、拋石頭」般地浸淫在變化之中，歐風東漸也潛移默化地改造著中國民間的各行各業。我們從這套老的「三百六十行」煙畫中，也能看到許多新的行當的出現。譬如照像館就有兩幀。一張是西人開的，西人技師在給客人照像。另一張是國人開的，是中國技師在為顧客服務。對照一下，便會悟出一段有趣的小故事。

十九世紀末葉，上海租界和北京的租界內就有了洋人開設的照相館。除了為西人服務外，也為華人縉紳商賈、士子名流拍照，獲利頗豐。1903年，家住北京宣武門外的一位年青富有的商人石景豐，看準了這項時髦的玩藝兒有利可圖，就花錢賣了全套設備，還重金聘請了一位洋人攝影師，在東琉璃廠開辦了「國泰」照相館。開張以後，生意不錯。石老闆便動了心機，為洋技師安排了一個下手。名義上侍候洋師傅，暗地裏留心「偷藝」。不到一年，他便學會了所有的門道。照相沖洗技術一過關，石景豐就炒了洋技師的魷魚，自己幹了起來。美其名曰：宗前輩魏源之著名主張，「偷夷之技以制夷（見魏源《海國圖志》）」。

兩幀照相館，一張是西人開的，西人技師在給客人照像。另一張是國人開的，是中國技師在為顧客服務。

　　另外，我們從老「三百六十行」中還能看到司法行中的改良與進步。封建社會「衙門口朝南開，有理沒錢難進來。」一句話說盡了中國舊監獄的黑暗。獄卒飛揚跋扈、恃強凌弱、徇私枉法，足以令人髮指。真是「洪洞縣內就無有好人」。制度如此，那麼監獄中的牢頭、獄卒，就更不是東西了。

　　我國監獄的改革和制度現代化，是由上海租界開始的。1865 年，英國駐上海領事在租界內成立了「領事法庭」，並在廈門路建立了法庭監獄（提籃橋監獄）。設施先進，時有「東方的巴士底獄」之稱，從而，把西方先進的司法程序和監獄管理制度引進了中國。設立了放風、醫療、探視、通信等制度，廢除了肉刑、餓飯等虐待犯人的懲罰。要求獄警奉公守法、警紀嚴明、著裝整齊、工作有序，使人一見、頓生肅穆。正如此圖所繪，當值的監警司和獄警，正在核查案卷。文明如是，確有驚人的改變。

煙畫所繪歐風東漸帶來的新氣象，現代監獄的執法人員和獄卒、獄兵。

　　1903 年，革命先驅章太炎、鄒容在《革命軍》書中，提出「推翻清庭」的

主張，引發了著名的「蘇報」案。因為蘇報館設在租界之內，得到了「領事法庭」的庇護。法庭拒絕了清政府對他二人的引渡要求，依照民主制度的司法程序和量刑尺度，只判了章、鄒兩人兩年的監禁，改變了皇家「一言九鼎」的司法定制，保護了革命的新生力量。

另一張畫的是新改制的獄兵，他們身著紅色洋裝，頭戴白色涼帽，足穿黑色馬靴，手執步槍和指揮刀，一改昔日清廷捕快、獄卒和劊子手的愚蠢邋遢的形象。這也是歐風東漸帶來的新氣象。此外，電燈、電報、電話和柏油馬路的出現，也造就出一大批新的行當，電工、電報員、接線生、築路工等等，給原本死氣沉沉的社會生活，煥發出新的活力和青春。

（十三）行幫與混混

自從市廛百業興隆繁盛、各行各業日顯發達，不同性質的行幫、行會便應運而生了。不同的行業為了確保自身的生存、發展和利益，自行自覺地靠攏在一起、抱團取暖，組成了行幫行會，以求壯大力量，有組織的依靠和同行間的相互關照和幫助，以求共進共退、共存共榮。遇有困難的時間，同行可以聚在一起商量對策和解決方法。

大的行幫組織若依地域區劃分，如：廣商幫、潮州幫、山陝幫、京幫、關外幫等。若依行業性質劃分，如：鹽引行、票行、綢緞行、糧米行、煙草行、船行、車行、骨董行、藥行種種。這類幫會財大氣粗，能呼風喚雨，影響市場商局。且多與官府交往，大有壟斷雛型的態勢。小些的買賣，如：油鹽行、糕餅行、皮草行、鞋帽行、雜貨行、燈彩行、香蠟行等等，這類行會經營專一，財勢較弱，會眾齊心，亦能起到公平交易、平衡市場的作用。

至於手工雜業諸行當，則五花八門、多如牛毛，如廚行、三行、縫紉行、刺繡行、爐匠行、能行、修葺行、篾匠行、小鼓行、柳行、乞行等等。這些小行當組成的行會組織，對於零散、小本、小技、雜藝等經營的會眾來說，確實有著不少幫助。首先忙有一種歸屬感，會眾依時聚首祭祖，分片經營、謹遵社規，同享「禮義廉恥」的餘澤，對遵法守道，服務社會，有著不小的幫助。例如，爐匠行的行規中便有，「見一面兒分一半」的規定。小爐匠、銅缸銅碗的、化蠟釬的、補鍋的、焊鐵壺的，都是這一行的會眾。他們挑爐掮擔、走街串巷，吆喝著承攬活計。碰到要銅碗補鍋的，放下挑子，拿起鑽頭、鉗子就地幹了起來。此時，若正好碰到同行會友打此經過，那麼，這擔活兒所掙的錢鈔，無論

多少要分給對方一半兒。對方還不准不收，必須拿著。因為這一行掙錢不易，有時串街一天，一無所獲，「有飯大家吃」就成了這行人互幫互濟的一種方式。又如唱戲這一行人，單身子不論走到哪兒，只要走到有鑼鼓響的戲園子後臺，自報家門以後，向後臺老郎神扣個響頭。班主必要以禮相待，「同行是一家」，不論其能耐如何，大小也得派個活兒，開個份兒，給口飯吃。這些行會有益會眾，也有益於社會，有百利而無一害，為此，政府從來不予干涉。

但是，也有一些行會被混混所侵佔，為了爭地盤、爭權勢、抖威風和爭錢鈔，便幹出很多違法造孽、攪亂社會治安的壞事來。其中，以「腳行」的爭強鬥恨、鬧得最凶最惡、最為慘烈。清末民初在上海、武漢、天津的水旱碼頭上，都演出過許多起驚天動地的大血案。

彼時的混混皆稱「鍋夥」。「鍋夥」的意思就是一幫不要命的混混曾在一個鍋裏吃飯、對天明誓，歃血為盟。他們把持著許多行當，如碼頭裝卸的「扛河壩」、街面賣苦力的「腳行」、在河面橫條大繩子「攔河取稅」、壟斷水產買賣的「魚鍋仗」、私自開窯鑄銅錢的「立私灶」和「販賣私鹽」等等。鍋夥把持一方勢力，壟斷一方買賣，坐地收錢，吃香喝辣的，得意萬分。有了利益的引誘，就有其他混混眼紅，於是乎，爭地盤、奪碼頭、打架玩命是少不了的事情，誰拳頭硬誰就當老大。可要想把對方飯碗子搶過來談何容易，到了節骨眼上玩「武」的沒用，就要拿人命玩「文」的。「文打」、「抽死簽兒」、當面鬥狠，不把對方折騰認慫誓不罷休，大不了「大頭朝下」下油鍋！

攝於清末民初天津衛行幫中混混的照片。

　　天津衛人稱「九河下梢」，碼頭多，苦力多，拉幫結派，組成腳行。腳行，俗稱「扛大個兒」，又稱「耍胳膊根兒」。該行由一個大混混當行頭，手下一群小混混。當腳夫的都是四郊破產的農民，他們以賣苦力為生。奈何碼頭有限、肉少狼多，於是乎你爭我奪，三天一小打，五天一大打，白刀子進紅刀子出來已成常態。據天津衛軼事載：六號門碼頭的風水最盛，檣擄遮日、舟船無數，日出月進的貨物，千噸萬噸不可勝數。有一個叫翟春和的混混，組成了翟家鍋夥，霸佔了這方碼頭，日進斗金。而另一夥混混看著眼紅，為了爭奪把持權，先後發動過三次大械鬥，最大的一次係民國二十四年十一月，翟春和糾集了三百多人，在海河西岸與對方碰面，先是派出幾員好漢以「抽死簽兒」的方式進行「文打」，他自己首當其衝，用鋼刀把額頭上的一塊皮割下來，紮在刀尖上跟對方示威。對方不買帳，於是，雙方各自抄傢伙，大打出手。雙方各死十多人，鮮血染紅西海河，難分勝敗。翟春和便親手殺死了自己的表弟，嫁禍對方，這才保住了他在六號門的地位。康有為有詩云：「秋風立馬越王臺，混混蛇龍最可哀」，足可為識。

上世紀二十年代出版的有關流氓、地痞、混混形象的煙畫。

　　另外，還有一個叫王半城的老混混，曾打下一片江山，幹起糧棧買賣，風生水起，十分招人羨慕、嫉妒、恨。有人想要從他手中分一杯羹，拿點占孝敬銀子，竟帶著一幫混混闖進門來。王半城本身是個大耍，他哪能怕這些人。便在大門處架起一口大鐵鍋，柴火燒得正旺，鍋裏的油燒得冒泡，油鍋裏放著兩

串銅錢。王半城伸手進了油鍋，撈起了一把銅錢，眉頭一皺不皺。嚇跑了這群混混。王半城馬上叫人用鍘刀將胳膊鍘掉，再用藥布包好，他的一支胳膊廢了，但賺了英名響徹天津衛，從此人稱「王一城」了。像這種混混鬥狠的實事，見著報端文案的殊多。《清稗類鈔》也多有記載：如「京師紅果（即山楂紅也）行僅在天橋者一家，以呈部立案故，他人不得開設。然乾隆時，有兩行，皆山東人，爭售貶價，各不相下。繼有出而調停者，謂：『徒爭無益，我今設餅撐於此，以火炙熱，能坐其上而不呼痛，即任其獨開，不得爭論。』議定，此設於天橋之主人即解衣坐之，火炙股肉。須臾，兩股焦爛，即倒地死，而此行遂得獨設，呈部立案，無異議。（餅撐，烙餅之大鐵盤也）。」另有《京人爭牙行》一條謂：「京師有甲乙二人，以爭牙行之利，訟數年不得決，最後彼此遣人相謂曰：「請置一鍋於室，滿貯沸油，兩家及其親族分立左右，敢以幼兒投鍋者，得永佔其利。」甲之幼子方五齡，即舉手投入，遂得勝。於是甲得佔牙行之利，而供子屍於神龕。後有舉爭者，輒指子臘曰：吾家以是乃得此，果欲得者，須仿此為之。見者莫不慘然而退。」

　　此外，還有《爭燒鍋》一條曰：「燒鍋者，北方之酒坊也。京郊有爭燒鍋者，相約曰：『請聚兩家幼兒於一處，置巨石焉。甲家令兒臥於石，則乙砍之。乙家令兒臥於石，甲砍之。如是相循環，有先停手不敢令兒臥者為負。』皆如約，所殺凡五小兒。乙家乃不忍復令兒臥，甲遂得直。」

八、煙畫《三百六十行》知多少

　　根據現有的資料，煙畫《三百六十行》最早是由日本村井兄弟煙廠發行的，時間為 1902 年，首批 40 枚。次年，又發行了《續三百六十行》40 枚。1905 年，村井兄弟株式會社上海村井煙廠併入英美煙草公司，該廠出品的名牌產品「孔雀牌」、「雲龍牌」、「忠勇牌」、「老車牌」香煙亦冠名為日商英美煙草公司，由英美煙草公司統一發行。於是，英美煙草公司及其隸屬的美國、大英、威爾士等公司出品的各種名牌香煙，如「品海」、「老刀（海盜）」、「人頂球」的香煙包內，也開始附贈《三百六十行》煙畫，我們可以從不同的《三百六十行》煙畫的背子圖案得以印證。如下圖所示均是曾在煙包內附贈《中國三百六十行》煙畫的名牌香煙，有日產的「孔雀牌」、「忠勇牌」、「老車牌」，亦有英美煙草公司、大美、大英、威爾士等煙草公司發行的《三百六十行》煙畫，分別附贈於各公司的名牌香煙「品海」、「老刀（海盜）」、「人頂球」等香煙包內。足見在清代晚年即 1902 至 1911 年間，這套煙畫所受到的歡迎程度。

　　那麼，《三百六十行》煙畫在中國、日本和東南亞諸國一共發行了多少呢？因為時隔一百二十多年，在《頤中檔案》和上海工部局工商管理《檔案》中亦無詳細記載。我們可以粗略地估計一下，若以以上展示的當年附有《三百六十行》煙畫的名牌香煙八種計，每個名牌一年銷售一萬大箱，那麼十年間便售出八十萬大箱。那麼，散發出去的香煙畫片便有幾十個億。這些《三百六十行》煙畫隨香煙散發至大江南北，且如水銀泄地一般進入千家萬戶，它們登堂入室，或擺入商賈的机案、或放置文人墨客的書架。或被田舍農工傳看，或被小童藏於衣袋之中。其傳播和影響何其大也！又何其深遠哪！

　　在英美煙草公司發行的《三百六十行》的影響和帶動下，中國民資煙廠也競相效尤，在上世見二、三十年代也爭先恐後地發行了許多版本的《三百六十行》煙畫，但大多繪製潦草、印製低劣，無法與英美公司的出品相較。

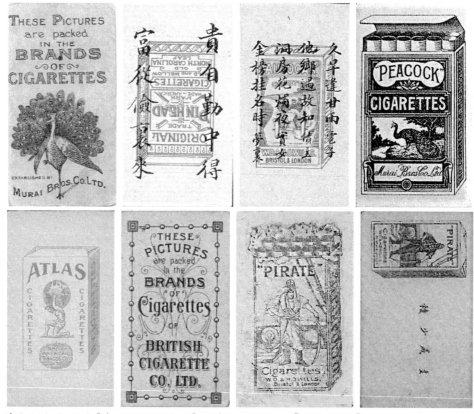

曾在煙包內附贈《中國三百六十行》煙畫的名牌香煙「孔雀牌」、「忠勇牌」、「老車牌」、「品海」、「老刀（海盜）」、「人頂球」等。正面印的是《中國三百六十行》圖畫，背子印的是公司廣告。

裝有《中國三百六十行》煙畫的《品海牌》香煙運抵北京前門火車站。

裝有《中國三百六十行》煙畫的《品海牌》香煙運往張家口和外蒙古。

那麼，這套清末出品的《三百六十行》全套作品到底有多少幅？一共畫了多少種行當？筆者對此也進行過認真地調查。要是說這套《三百六十行》在華曾發行過數億張，實在不少。但是在這一百二十多年間，中國發生著激烈的巨變，康梁變法的失敗、辛亥革命的爆發、清廷的遜位、軍閥的混戰、日寇的侵華、八年的抗戰、內戰的爆發。建國後接連不斷的政治運動，鎮反、三反五反、反右、大躍進、四清，尤其「破四舊」、「橫掃一切牛鬼蛇神」和史無前例的「文化大革命」，幾乎把一些傳統文化摧毀殆盡。漫說洛書河圖、宋百千元，大都毀之一炬，更何況小小的煙畫豈有棲身之所。文革以後，煙畫已成了拍賣行中的「珍稀出版物」。要將「三百六十行」一一湊齊，實比登天還難。據筆者調查：

日本經濟研究所隸下的「鹽與煙」博物館，收藏有上海村井煙廠最初發行的《三百六十行》煙畫 40 枚：

英國大英博物館收藏有英美煙草公司在 1905～1911 年發行的《三百六十行》煙畫 100 枚：

中國上海圖書館珍藏（原上海工部局商務檔案）日商英美煙草公司在 1905～1911 年發行的《三百六十行》煙畫 220 枚：

上海馮懿有煙畫展覽館收藏的《三百六十行》煙畫亦有 300 枚之數，據《中國老香煙牌子檔案》一書中，對日本、英美等煙草公司先後出版的《三百六十行》煙畫，有個比較詳細的統計，可供研究者參考。

美國煙公司出品的一套，100 枚。背子有「品海牌」商標：

美國煙公司出品的一套，50 枚。背子有「品海牌」商標和漢字諺語：

英國煙公司出品的一套，50 枚。背子有「老鷹牌」商標和漢字諺語：

英美煙公司出品的一套，40 枚。背子為英文廠名：

MURAI BROS 煙公司出品的一套，40 枚。背子為英文商標：

英國威爾士煙公司出品的一套，40 枚。背子為「老車牌」商標和漢字諺語：

MUTA 煙公司出品的一套，40 枚。背子為英文商標：

英美煙公司出品的一套，85 枚。背子為「人頂球牌」商標：

英美煙公司出品的一套，50 枚。背子為「人頂球牌」商標和漢字諺語：

大英煙公司出品的一套，50 枚。背子為「人頂球牌」商標和漢字諺語：

DAHAR BROTHES 煙公司出品的一套，50 枚。背子為英文商標：

英國煙公司出品的一套，50 枚。背子有「海盜牌」商標和漢字諺語：

以上的這些公司均隸屬國際壟斷集團英美煙草公司，自日本村井兄弟株式會社被其兼併之後，煙畫《三百六十行》的設計理念和原圖皆納入英美煙草公司的產權。其下屬公司在取得英美煙草公司的受權後盡可使用。所以，這套煙畫出品很多，其背子圖案並不統一，而是根據所附贈香煙的品牌印製發行的，所以十分繁雜。但是，煙畫的正面圖案大多是重複的。

筆者並不是一個專業煙畫收藏者，只是祖上有些遺留，加之個人對民俗研究的興趣，業餘時間常在北京潘家園閒逛。出差上海時，便到老城皇廟走走，集多年的工夫，共蒐集到《三百六十行》不同畫面的煙畫 315 枚（不包括煙畫《七十二行》《代步與運輸》《民國百業》《新三百六十行》等），內有清代市井各種行當約 345 種。按圖史的研究方法，對每一個行當的形成、形式、特點、價值，進行了一些粗淺的研究，以期對逝去的歲月和已然消失了的老行當，保留一些文化痕跡，同時，也從一個獨特的角度透視出晚清平民社會中的市井民風。

下卷：《三百六十行》圖釋

　　本卷所選圖畫均係日本村井株式會社與英美煙草公司在清末民初（既約
1902～約 1930）在華出版發行的煙畫（既港稱香煙牌子、北京稱洋畫、天津
稱毛片、廣東稱野人頭、香港稱公仔紙）《三百六十行》三百二十一枚。筆者
依其內容將之分為三類，既《五行八作》《吃喝玩樂》和《市廛江湖》，依次排
序發表於後，且將每個行當略作圖釋，簡約地說明，清末民初我國城鄉平民日
常生話、習俗和工作的基本狀況。僅供民俗研究者欣賞參用。

　　煙畫名稱：中國三百六十行

　　　　　　　續中國三百六十行

　　　　　　　三續中國三百六十行

　　出版單位：日本村井株式會社

　　　　　　　英美煙草公司

　　煙畫規格：68mmx38mm

　　　　　　　65mmx38mm

　　發表數目：321 幀

　　說明：為了方便觀賞，全部畫幅均放大處理

一、五行八作

製布

1. 採桑

　　傳說養蠶製絲是上古黃帝之妻嫘祖的發明。商代便設有「女蠶」之職，專司典蠶。甲骨卜辭中則有「以蠶神與上甲微同祭」之語，足見國人對蠶事的高度尊崇。據唐代《嫘祖聖地》碑文稱：「嫘祖首創種桑養蠶之法，抽絲編絹之術，諫諍黃帝，旨定農桑，法制衣裳，興嫁娶，尚禮儀，是以尊為先蠶。」彼時，蠶農對育種、出蟻、蠶眠、化蛹、結繭、化蛾等蠶的生長形態，以及植桑、採桑、輔桑等技術也有了一套完整的認識。在飼育蠶的過程中，桑葉的「火、寒、暑、燥、濕」等因素對蠶兒生長有著至關重要的影響。蠶的一眠、二眠、三眠、分箔、大起、捉績，決定著蠶絲收成的成敗好壞。

　　採桑葉是件十分辛苦的事。育蠶之初，蠶農全家出動爭時採桑，培育蠶寶，望其早日長成，吐絲作繭。待到忙時，還需雇人助採。辛苦勞作一年，但蠶農自己依然窮困無著，衣衫襤褸如乞。宋代詩人釋文珦有《蠶婦歎》寫道：

> 吳儂三月春盡，蠶已三眠蠶正饑。家貧無錢買桑餒蠶不生絲。
> 婦姑攜籃自相語，誰知我儂心裏苦。姑年二十無嫁衣，官中催稅聲
> 如虎。無衣衣姑猶可緩，無絹納官當破產。鄰家破產已流離，頹垣
> 廢井行人悲。

2. 綢緞莊

清代詩人楊燮在《成都竹枝詞》中有一首描寫綢緞莊的詩，寫盡了富家妻女為了炫富，衣綢穿緞，不惜錢鈔，追逐時尚：

> 綢緞綾羅任意穿，欄杆鑲滾又花邊。共說好看年年換，只計時新不計錢。

清人枝巢子在《舊京瑣記》中寫道：舊日的綢緞莊多「為山東人所設，所稱祥字號，多屬孟氏。初唯前門之泰昌為北京人，蓋兼辦內廷貢品者。各大綢店必兼售洋貨，其接待顧客至有禮貌，挑選翻搜，不厭不倦，煙茗供應，趨走殷勤，有陪談者，遇紳官，可以應對幾句時事，遇文人，也略知幾句詩文；對待婦女顧客，一定會炫耀新奇，曲盡交易之能事，一定要讓不同的顧客，一位位都高興而來，高興而歸。」

足見，這一行生意的講究。不僅店裏裝潢陳設富麗堂皇、接待布置也分外高雅。而且這一行在雇用招待人員和挑選學徒時，特別注重舉止相貌，人要生得眉清目秀，腦子要聰敏靈俊，更要懂得眉高眼低，善於待人接物的後生。因為綢緞的客人多是達官顯貴、富賈豪門的女眷。

大的綢緞莊還設有製衣部，重金聘用技術高超的揚州裁縫，能讓那些揮金如土的男女不出店門，選完綢緞後，便能就地量體裁衣。

3. 刺繡

　　清代詩人陳祁，字如京，號紅厓，是上海清風涇人，官任甘肅布政使。他一生十分關注民生農事，寫了很多描寫家鄉田園生活的《竹枝詞》。他在《清風涇竹枝詞》中，有一首描寫家鄉繡女每日刺繡，不計晨昏的詩：

　　　　晝靜簾垂罷繡初，慧心巧弄女紅餘。製成小品真奇絕，人是蓮
　　蓬鶴是魚。

　　舊日，長於女紅的婦女在綢緞、布帛上，用各種彩色線，憑藉一根細小鋼針的上下穿刺，繡出各種優美圖案和花紋，這種工藝被人們稱之為「刺繡」。辛棄疾詞有句云：「恰似十五女兒學刺繡」，可見宋代，刺繡已是民間婦女重要的工作了。據文獻可考，清代末年，蘇州一地就有數萬名繡女從事刺繡的工作。特別是在太湖之濱的鄉鎮，下至垂髫幼女，上至耄耋老嫗，沒有一個不會描龍繡鳳的。技術高超的繡女被人尊稱為鳳娘，她能將一絲劈成 32 絡，能嫻熟地運用鋪針、滾針、截針、摻針、沙針、蓋針諸法，繡出金龍彩鳳、奇禽異獸、青山綠水、百花千蟲。一等佳作，上貢朝廷，中達顯貴，下入朱門，登堂入室，遠濟異域。「戶戶有棚架，家家會刺繡」，釀成一時之盛，選就了蘇繡、蜀繡、湘繡、粵繡四大名冠，為繁榮經濟做出了巨大的貢獻。

4. 軋棉花

　　軋棉花是紡紗織布前的一項重要工序。棉花成熟後，經過採摘、晾曬、軋花、去籽、粗彈、合條、紡紗、漂染、織造、印整、量裁，方可以製成衾被、衣裳。軋花是紡織工序中的第一步。

　　我國古代中原原本不產棉花，只有海南和西域有所栽種。因為棉絮輕暖，是冬季禦寒的絕佳妙品。據《三國志》記載，曹操在爭戰北國幽燕之地中，曾獲得敵方將軍的一領棉被，贊為火龍，視為奇珍，夜夜鋪蓋。多次破敗之後，常煩夫人縫補再用。元世祖有一件棉袍，冬日穿用，從不離身。即使磨破，他也要穿著它上朝議事。直至明朝龍鳳年間，朱元璋對發展棉花種植極為重視。龍鳳五年下詔，明令有十畝田地者，必有一畝植棉，違者嚴懲重罰。未幾，不到十年，棉花、棉布已「衣被天下」矣。

　　棉花的利用，上海烏泥涇的黃道婆功亦卓著。她從海南帶回了一整套的加工棉花的工具和技術。軋花用的攪車，代替了舊日笨拙的「鐵筋輾」，除去棉籽，既快又輕巧，大大地提高了生產率。明代趙汝志在《諸蕃志》中記載：從棉田中採集棉花後，「取其茸絮，以鐵筋輾去其籽，即以手握茸就紡」。既快又輕巧，較之以前已大有進步。時人王子晠有《採棉花竹枝詞》贊道：

　　　　生平不識綺羅新，青布兜頭最率真。卻喜今年棉事好，好箕半
吐白如銀。

5. 彈棉花

　　　棉花街裏白漫漫，誰把孤弦竟日彈，彈到落花流水處，滿身風
　雪不知寒。

　　這是清代詩人韓榮光在《黃花集》中寫的一首《竹枝詞》《彈棉花》。從棉
田裏採摘下來的棉花桃，曬乾去籽後，必須經過彈花，使其綿軟成絮方能進一
步加工使用。

　　明王楨的《農書》記載：彈花用的彈弓，名叫「張棉彈弓」，「長四尺許，
弓身以竹為之，弦用繩子」，似與今日所見的彈弓有所不同。畫中所繪彈棉花
的婦人，腰間綁一彈性的長竹片，自背後彎上來，繩上懸弔著一個彈弓，彈弦
是用一股鋼絲或琴弦。一手握弓，另一手用木槌捶打弓弦，以弓弦的振動棉團，
將棉團彈成棉絮。這種棉絮蓬鬆柔軟。如果用來揹棉衣棉褲，或棉被棉褥，將
其層層鋪好，加工成薄厚不等的棉片兒使用即可。如果搓成棉條，則可用於紡
線，織布。元末劉炳有《田家樂寄張師孟》詩云：

　　　小姑攜筐懶梳洗，拾得棉花如雪肥。大姑軋軋催機杼，疏簾樹
　影寒蛩語。

6. 彈棉套

　　彈棉套的工具有大木弓，牛筋弦，還有木槌、鑱頭，磨盤等。彈花時，用木槌頻頻擊弦，使板上棉花疏鬆，兩人將棉絮鋪平，再用紗縱橫布成網狀固定棉絮。然後，用木製圓盤壓磨，使棉套平貼，牢固。按照舊日的民俗，棉套所用的紗線一律為白色。但用作嫁妝的棉絮，則必須用紅綠兩色紗線，以示吉利。如果是舊棉套重彈，必須先除掉表面的舊紗，再卷成捆，用雙手捧住在滿布釘頭的鑱頭上把舊棉撕鬆，再用弓彈。

　　彈棉花不僅是費力也是個精細活兒，敲弓的時候要花大力氣，「上線」須細緻，一定由兩個人一起完成。所以幹這一行的以夫妻檔為多。每到近秋時節，一些鄉鎮夫婦就肩帶彈花的工具來到城鎮收攬彈捎的活計，大街小巷一時增添了他們的身影和吆喝之聲。

　　　清人張春華有《滬城歲事衢歌》

　　　　繞地輕雲避曉風，筠竿斜倚想漁翁。絲聲幽細虛簷徹，滾雪飛

　　　花寄一弓。

7. 賣棉絮

　　清代乾隆年間民俗詩人程超在《朱溪竹枝詞》中寫有《賣棉錠》一詩，稱朱溪尤家彈紡出來的棉絮又軟又綿，勝似雪白的綺紋。

　　　　鱗比人家紡織勤，木棉花熟白於銀。鄰家買得尤家錠，紡出絲
　　絲勝綺紋。

　　舊日城鎮的棉絮店，多是前店後廠的小作坊。後店彈棉花，加工新棉舊絮、製作棉片、棉套和棉錠。前店有櫃檯、貨架子，售賣一卷卷蓬鬆雪白的棉絮和不同尺寸的棉片和棉被套、棉褥套。有的棉絮店還代賣縫好的棉枕頭、棉抄手和兒童繫的「屁股簾」。

　　櫃上有彈棉工數人，專收由鄉間運來軋好的去籽棉花。復經加工，彈熟以後再加價售賣。店裏偶而也收購一些鄉間已彈好的棉花，但他們嫌鄉間彈的生，不好用，往往還要再加工一次。棉絮店把彈好的棉花，一層層鋪好，打成一尺半寬，一尺見圓的棉絮卷，用紙包好，六卷為一套，中間用棉繩繫牢，約摸有一斤半重。一套套掛在店裏或放置在貨架子中的就是成品，懸掛在店門首的棉絮就是該店的幌子。遙遙望去，婦孺也識得「此店賣棉花」。

　　近人左河水有《詠棉花》詩云：

　　　　不戀虛名列夏花，潔身碧野布雲霞。寒來舍子圖宏志，飛雪冰
　　冬暖萬家。

8. 紡棉線

東舍新娘坐揀花，軋花媼老住西家。一弓絕妙彈花手，搓就棉條待紡紗。

以上這首《紡棉線》的《竹枝詞》，出自清代詩人程兼善所撰的《楓溪棹歌》之中，專門描繪鄉間農戶用紡車紡線線的事情。

在我國因為早年間不產棉花，故紡車出現得較晚。元皇慶二年（1313），著名科學家王禎在他的著作的《農書》中有一插圖，繪有手搖紡車的樣子，其形制與此圖相似。這種紡車，一頭是個大輪，另一頭是個尖尖的小紡錘。婦女盤著腿坐在一側，一手續棉或麻，一手搖輪，隨著吱吱作響的輪轉聲，加了拈的棉線或麻繩就徐徐繞在紡錘上。舊日鄉間婦女無論長幼，均能嫻熟的操作此技，而且操作起來充滿了溫馨的詩情畫意。但是，對於常年辛苦紡紗的貧苦婦人來說，這種勞動則是件異常淒苦的事。民謠中有很多記述紡花之艱辛的曲子：「紡花難，紡花難，紡花不勝買布穿。這思想，那思想，終日紡線筋骨酸。紡花難，紡花難，描雲畫鳳不算巧，織布紡花納糧草。見過大車拉白布，沒有見過大車拉花哨，姑姑嫂嫂累彎了腰。」

9. 繞線軸

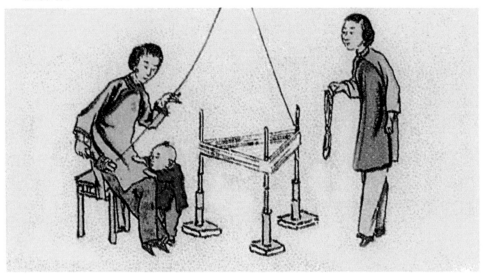

　　從紡車上紡下來的線原本都繞在錠子上。為了使用方便，紡後要把線從錠子上退了下來。退成一縷縷的線縷，每縷線有二兩來重，先把它打結，平順地懸掛起來。根據不同的用途，日後再進一步加工處理。譬如說，織布時要當經紗用，那麼，在整經的時候就可以直接用到經輪上。如果作為緯紗用，就要把一縷縷的紗線散開，重新纏繞到梭子芯上。再裝入梭子當中，便可以用其織布了。如果是日常用於縫縫補補的線，就要把線縷繞成線團存放。繞線的工作可以在閒時抓空兒幹。聰明的婦人則在地上放上一個三角型的線撐子，把線縷撐開，找出線頭，串過一個弔環，把線繞在一個木花（滑）籃上。一隻手搖著木花籃兒，另一隻手順著線，不一會兒，就能繞上一軸兒。這種方法又省人力又省事兒，還不耽誤看孩子。

　　清代道光年間的民俗詩人張春華在其所撰《滬城歲事衢歌》中，記有農婦繞線的事情：

　　　　停勻輕重剖瓊瑤，似竹心虛卷練綃。月得女紅四十五，朝來信手雪千條。

10. 賣線兒

近人李幼芝先生在其所撰《雪泥鴻爪記竹枝》中寫有《賣線的》一詩，寫這一行人也頗有趣：

> 賣線貨郎善吆喝，肩挑線線何豈多。紅黃黑白青藍紫，嬌娘喚來藍采和。

在清末民初，城鎮街上有一行絨線擔子。這一行人手中搖著一柄小鼓名叫「驚閨」，俗稱賣絨線的。但這一行並不以賣線為主，箱裏裝有針頭線腦、一應女紅所用之物應有全有，筆者自有另述。但這一行人中，也有專買棉線的小販，他們肩上扛著一根挑杆兒，杆兒頂弔著一個圓盤子，圓盤子上掛滿了一絡絡的棉線。這些棉線粗細不等、品質不同，顏色各異。有麻線兒、棉線兒、粗絲線，從青黑、藏青，到灰、到白，赤、橙、黃、綠、青、藍、紫，五顏六色，什色齊全。不過，其中還是以白色棉線居多，遠遠看去簡直像一個大花籃。大花籃在小販的身後愰來愰去。有人給他們起了個外號，叫做「韓湘子」轉世，境遇不同，變成了賣線的了。而賣線的小販都自詡自己的祖師是水泊梁山上能文能武的浪子燕青。這是為什麼哪？因為燕青賣過線兒。

11. 針線箱

　　民國名士程康為著名畫家陳師曾所繪《北京風俗圖》中題有題《針線箱》詩一首,能為下里巴人賦詩,並送至日本巡展,曾為一時美談。他寫道:

　　　　小鼓咚咚繞畫樓,年年憑與繡春愁;人間那識字原貴,一代豪
　　華逝水流。

　　前邊所提賣絨線兒的行街小販肩上,大都肩背一個三尺高、二尺寬的環箱子。箱子裏有無數的小抽屜、小隔扇,裏邊裝的全是婦女日常需用的針頭線腦兒、零七八碎的小百貨,甚至鞋樣子、花樣子、絨線、絨花兒,應有盡有,物品之全,不亞於一個小絨線鋪。頗受大門不出、二門不邁的閨中女流喜愛和歡迎。「驚閨」一響,莫不使奴喚婢走下樓臺,任意挑選所需之物。

　　清代畫家周慕橋云:「環箱子一名喚嬌娘,箱中儲花粉、頭繩、絲線、肥皂之屬。手握小銅鉦,兩旁有耳,持其柄而搖之,婦女聞之,爭出購取,故得此美名。然其箱必環於背,故曰環箱子。」文中稱小販手執之物叫「喚嬌娘」,行內人則稱之為「驚閨」,也就是「小鼓一搖,深閨驚動」的意思。因為幹這一行的小販常與閨中女子打交道,多是由行為謹慎、舉止穩重、臉帶笑容、說話和氣的上了年紀的老漢兒擔當。

12. 染工

　　所謂染工，就是把素白的絲、麻、棉質類的織物，用顏料染上不同顏色的匠人。染工一般都集中在私人開設的染坊裏幹活兒，屬雇傭工類。鴉片戰爭之前，我國印染工藝落後，多用一些皂莢、黃柏、朱砂、石黃、空青、蒨草、地蘇木、血見愁、茅蒐、茹藘等天然礦物或植物染料。色澤不牢、容易褪色。據清代的《木棉譜》記載，清代染坊有藍坊、紅坊和雜色坊，專染天青、月下白的稱藍坊；染大紅、桃紅的稱紅坊；染黃、綠、黑、紫的稱雜色坊，由此我們可以看出青藍色和紅色在清代的使用較為普遍。鴉片戰爭之後，德國化學染料進入中國。染出的織物色澤光潔、牢固，且不褪色。尤其操作方便。於是很多染工就走出了染坊，自己攬活兒單幹起來。清人蔡繩袼著的《一歲貨聲》記述了他們走街串巷的吆喝聲：「染綢緞來喲，染好綢子、好緞子來喲。」文後有注云：「挑顏色箱、染鍋，染後以長竹竿，搖之即乾。興洋顏色，始有此行。」不過，染匠一行終日勞作在染鍋、染缸之旁，雙手浸泡在各色的顏料當中，手被染得赤紫黝黑，狀如魑魅，甚是淒慘。但是，他們的勞動把人們裝扮得五彩繽紛，實為功不可沒。清人童謙孟寫有《竹枝詞》一首：

　　　　月白似藍藍似青，染坊顏色比前深。半青被面全青樣，安得姑娘出嫁心。

13. 漂工

　　清代畫家孫蘭蓀曾在《圖畫日報》上開闢了一個《營業寫真竹枝詞》的專
欄。連續刊登了許多老「三百六十行」人從業的甘苦。他在描寫漂工時，把清
白世家與漂洗事業聯繫在一起，也是對漂工的一種褒揚吧。

　　　　漂布司務最清潔，專漂綢綾與布匹。任爾織時異樣污，一經漂

　　淨白如雪。

　　棉、麻、絲、苧經過精紡加工之後，可以成為粗細不等的線，這些線再經
過織造，便可以成為布匹或綾羅綢緞。為使這些紡織品生色生花，需要經過印
花、染色。而「漂」這道工序，它包涵有兩個內容：一是使織物去污增白；二
是洗淨在印花、染色過程中積在織物上的浮色。此圖所繪的是民間小作坊，漂
工匠人將染得的織物運到河岸、溪邊，由漂工臨溪作業，反覆漂洗，使洗淖的
污水順流而下。漂洗完畢的織物，就順手掛在岸上晾曬。當然，這還是一種很
原始的方法。最可憐的是漂工的雙足，常年浸泡在水中，以至糜爛露骨，令人
不忍目睹。

14. 賣布

　　民國詩人顧彧在《海上竹枝詞》中有一首《賣土布》的詩。描寫了鑒於官府稅收的逼迫，鄉間農民無奈上街賤賣自織土布的情況。

　　　　平川多種木棉花，織布人家罷緝麻。昨日官租科正急，街頭多
　　賣土布紗。

　　早年間，布匹的售賣形式有兩種，除大資本坐店經營的綢布店之外，個體小販則肩負著各色布匹走街串巷的叫賣。正如圖所繪，遇到了買主，就地論價，量尺售賣。不過，這種跑街的生意，多不可靠。小販為了多賺上幾個銅鈿，就多做些手腳。一般是布在出售之前，在家中已經抻拉上漿，顧客購回一洗就抽。原本一丈，洗後一量，就變成了九尺。要不，小販就在售賣時，可以在買布人的眼皮底下耍弄花尺，口裏喊著老尺加一，可購回家中一量，根本不夠尺寸。

　　鴉片戰爭之後，大量機織洋布從東洋、西洋湧入中國市場，因物美價廉，耐穿耐用，嚴重地衝擊了國產土布市場。但在機織洋布的逼迫下，鄉間土布顯得是那樣的無可奈何。兼之鄉間官府今日徵稅、明日加捐，逼得鄉間織戶無以為計，只得以廉價售賣自產的土布。

15. 裁縫

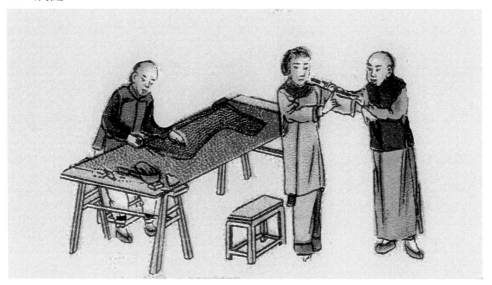

　　裁縫者，既剪裁，又縫紉也。最早的裁縫是專為內廷皇室服務的，稱為縫人。《周禮·天官·縫人》中，已有「裁縫」一詞出現，謂「女工，女奴曉裁縫者。」南朝宋文學家鮑照的《代陳思王》中也有「裁縫」的記載：「僑裝多闕絕，旅服少裁縫。」到了明代，描繪市井生活的小說《金瓶梅》《水滸傳》中，都有不少對裁縫的描述。例如，潘金蓮的「挑簾裁衣」：大鬧《翠屏山》的楊雄，對鶯兒說：「次日，叫莊客尋個裁縫，自去縣裏買了三匹紅錦，裁成三領錦襖子」，這都說明裁縫在彼時是個很風光的行當。清末，民間出現了很多成衣作坊、裁縫鋪，專一承制商賈市民的私人衣物的製作。寧波還出現過赫赫有名的「紅幫裁縫」。因為寧波是最早與國外通商的口岸之一，不少裁縫為外國人縫製過服裝，這些外國人在當時被稱之為「紅毛」。由此，也就誕生了不少專制西服洋裝的「洋裁縫」。

　　幹這一行的規矩很大，學徒三年零一節，也只能幹些包邊、合領、上袖、縫絆，若是操尺度量、剪裁下料，還得饒上三年。清佚名詩人撰《廣州出口畫配寫竹枝詞》。

　　　　成衣術業有專工，男子紛紛代女工。闇煞閨中針刺手，不須刀
　　尺學裁縫。

16. 成衣鋪

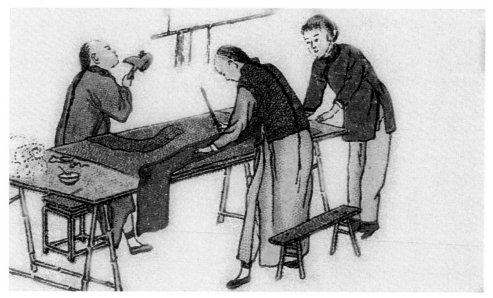

　　清人楊蓁門在《京口竹枝詞》中描述了五口通商之後，城市中青年男女在日常生活中出現的變化：

　　　　製衣新買西洋紗，出門悄喚東洋車，與郎昨夜花前約，小憩琴
　　園對品茶。

　　在城市的手工業中，成衣是個大行業。大凡經濟富裕一些的人家，尤其是追逐時髦的青年男女，大多數人都是到成衣鋪裏訂做各種新式衣服。而買衣服穿的並不多。所以，各色成衣鋪在城中繁華鬧市開的到處都有，即使在僻靜的小巷、小弄堂中也有不少。小的成衣鋪是只有一、兩個人的小作坊。一個師傅、一名學徒，一間房，一副高凳、一塊案子，一尺、一剪、一熨斗，就能攬活、做活。幹得好壞，全憑師傅的能耐了。

　　大成衣鋪則是另一番氣象，裏邊裝飾華麗入時，或獨立掛匾經營，或是儕身於財大氣粗的綢緞莊、呢絨鋪，專一伺候高官巨賈，豪門貴客。裁縫師傅多是寧滬名家、揚州高手，講究手藝精巧，式樣入時、高貴典雅，合身適體。老爺太太、少爺小姐穿出去，情豔怯俗，高人一等。因之，一擲千金，再所不惜。

17. 織補店

　　織補店最早興起於上海，設於清光緒二十年（1894）的老日升織補店，是中國織補店的鼻祖。

　　上世紀二十年代，隨著上海西服店如雨後春筍般冒出來，以縫縫補補見長的織補業日益興旺。那時，一些製做西服的裁縫師傅偶而做活不小心，往往會開錯了紐孔或把衣服燙破的事故出現。為了救急，就偷偷地拿到「老日升」來織補。織補師傅心靈手巧，嫻熟各種織物的織造工藝，全憑手中一根細長的織補針，一個織補圈兒，一柄拉毛刷和一把小剪刀，「就活兒取材」，從原織衣物上剪取餘材，依織物紋縷進行精心織補。經過織補的衣物，竟然像沒有破損過的一樣，遂享有「老日昇天衣無縫」的美譽。此後，織補店就流行起來，而且越開越多。技術高超的織補師餽真能巧奪天工，不讓織女。

　　清末畫家孫蘭蓀在《圖畫日報》《營業寫真竹枝詞》專欄中有《竹枝詞》一首讚揚織補一行：

　　　　簇新衣裳忽擦破，巧法有人能織補。竹圈一個絲幾根，居然補得一無痕。

18. 刷染店

　　清道光四年（1824）坊間的刊本《估衣街竹枝詞》係晚清詩人崔旭編撰。其中有《估衣街刷染店》一詩：

　　　　衣裳顛倒半非新，挈領提襟唱賣頻；夏葛冬裝隨意買，不知初
　　製是何人。

　　清末民初，市面上開刷染店的生意特別多。這一行供奉梅福、葛洪為行業祖師，兩人合稱「梅葛二聖」。刷染的技術原自古代的染坊。染坊有「大行邸」和「小行邸」之分，大行以染成批匹布、單色、印花等為主，形成流水線、規模化生產，各道工序分工非常明確。小行以染零星雜色布料及舊衣為主，事無鉅細樣樣都要拿得起。用的都是傳統的礦石和植物顏料，技術從不外傳，工作均有行話暗語交流，十分保守。鴉片戰爭後，西洋染料大量進口，尤其是德國發明的化學染料，工藝簡單，使用方便，而且色澤鮮豔，永不褪色。只要用些簡單的容器，把袋裝的粉劑沖開，立馬就可以使用，而且上色均勻，久洗不褪，比起我國傳統的植物染料強過萬倍。國人一向儉樸，衣服穿舊了，重新刷染一番，可以又當新的穿，這叫「新三年，舊三年、縫縫染染又三年」。所以，很多染匠脫籍開店，自立門戶。不僅接受平民百姓的零散活兒，更多地接收估衣鋪的活兒，把舊估衣重新刷染一下，掛在櫃上，跟新的一樣，還真能賣出好價錢。

19. 縫窮的

　　舊日市井之中有專門為窮人縫補衣裳的貧苦婦人,拿一張小板凳,終日坐在鬧市街頭,俗稱縫窮的,或稱縫窮婆。她們的竹筐裏裝著針頭線腦和各色洗淨的舊布,專門兜攬販夫走卒、單身漢的生意。這類人若是在行路途中衣服褲子破了,或因不慎丟個扣子,衣兜出了漏洞,便隨手交與貧婦縫補,花不了仨瓜倆棗的小錢,立等片刻就能收拾利索。尤其,對於那些沒有家室窮苦的光棍漢們,這行職業實在是幫了他們大忙。

　　縫窮這一行的貧苦婦人,本身的生活便十分清苦,多是家中男人貧病,孩子幼少,難以維持生計;要不就是寡婦失業、本人生活無著,被逼無奈這才拋頭露面做此行當。一天做將下來,掙不了一張餅錢,形影淒慘,煞是可憐。只落個「窮幫窮」的人緣。

　　清代佚名詩人在《燕臺口號一百首》中寫道:

　　　　砧杵聲停客未歸,手中針線認依稀。當街耐冷縫窮婦,但為他人補舊衣。

頭飾

20. 織髮套

　　清人孫蘭蓀有《營業寫真竹枝詞》描寫織髮子這一行的行徑：

　　　　髮子本是頭髮紮，可將假髮濟真髮。半真半假看不穿，梳得頭
　　成很得法。

　　《孝經》中說：「身體髮膚，受之父母，不敢毀傷，孝至始也。」可見古
人對自己的頭髮極為珍惜，視若生命。對頭髮經常梳理，並且加以認真保護，
不僅是對自己父母的尊重，也是「待人以禮」和「為悅己者容」的需要。但是，
因生病而掉頭髮、或是因上了年紀而脫髮，都會給婦女帶來苦惱和心理上的傷
害。尤其對少女和中年婦女更是一種折磨。當然，為了增加美麗漂亮，用頭髮
製作假髻子、假辮子進行修飾，也是貴婦靚婦所需要的。於是，用頭髮織髮子，
製髮髻，也就是織假髮這一行自古即有。

　　《新唐書·五行志一》記載：「楊貴妃常以假鬢為首飾，而好服黃裙。近服
妖也。時人為之語曰：『義髻拋河裏，黃裙逐水流。』」宋代洪邁在《容齋隨筆》
中也說：「自外入而非正者曰義，衣裳器物亦然。在首曰義髻。」義髻就是假髻
的別稱。隨著時代的進步，髮假髮的手藝逐漸發展成一個行當。髮子分三六九
等，上等髮子很昂貴，要「數十金」一頂。次一些的髮子也頗有市場。但是，
具體的編織髮子的過程並沒有詳細的描述。上面這張煙畫則描繪了這種工藝的
場景，藝人用一個倒扣的塔形藤筐來解決頭模的問題，真是絕頂的聰明。

21. 賣絨花首飾

清代土家族詩人彭勇行有一首《竹枝詞》，描寫深居閨閣的姑娘，一聽說賣絨花首飾的來了，欣喜若狂，忙叫貼身的丫環拿雞蛋去換絲線，背著母親去學繡鴛鴦。不僅活畫出少女懷春的趣意，也勾劃出這一行業的業務行徑。

> 忽聞貨郎鼓聲鏜，雛語呼來到小廊；各樣彩絲雞蛋換，背娘偷學繡鴛鴦。

製作絨花首飾是一門古老的手藝，源自唐朝的風尚。武則天時期，絨花被列為揚州呈送皇室的貢品。宋代，絨花已成為男女老少都很喜歡的首飾和飾品，在民間已廣範的飾用。到了清代，絨花行業已發展為一大行業，據《舊都文物略》記載：「彼時旗漢婦女戴花成為風習，其中尤以梳旗頭的婦女最喜歡顏色鮮豔，花樣新奇的絨花。」

《紅樓夢》中有一回「送宮花賈璉戲熙鳳，宴寧府寶玉會秦鍾」。寫李紈將「宮裏製作的新鮮樣法堆紗花兒」送給大觀園中姑娘們。誰先挑選宮花，誰挑什麼樣的宮花，還引得林黛玉等大小姐們爭風吃醋。可見，製作和售賣絨花和假首飾逐漸形成一種市井行業。

清代賣絨花首飾的小販都穿得乾淨利落，人物年少、幹練精神。因為多與閨中女客們打交道，要善應對，會討好，特別的「謙和知禮口兒甜」，招女客們喜歡，是這行生意的第一要務。這一行除了賣紅絨絲線、針頭線腦之外，其主營業務就是婦女喜歡的絨花首飾。買主賣主都心知肚明，這些匣中的首飾都是假行貨。但製作精巧，造型可人，價廉物美，買賣自願。無非是圖個便宜，供閨中女兒把玩消遣而已。

22. 賣瓜皮小帽

　　明清兩代，乃至民國初年，一種緞子瓜皮小帽十分流行，凡是有點兒身份的人全都愛戴，一時尊為男人專用的禮帽。據說這種帽子是明太祖朱元璋的發明。這種小帽帽面兒分成為六瓣，半圓形，很像半個西瓜皮形狀。其本義代表「六和一統、天下歸一」之意思。皇帝帶頭戴，下邊必然響應，所以在全國就流行起來。後來，積習成俗，改朝換代之後，男人戴瓜皮帽的習慣也就沒改變。

　　瓜皮小帽分為無簷、窄簷或包有裝飾窄邊的數種款式，多為黑色綢緞、呢絨或夾紗製作。頂上飾有不同顏色和材質的結子，有權勢的多用珊瑚、瑪瑙。翡翠之屬作結子或釘在帽子的正臉兒上。次等身份的則用低檔的寶石、玉石瓜代。至於平民則自酌隨便了。直到清末民初，這種小帽依然是男士的頭戴之物。

　　瓜皮小帽的市場很大，要是戴新的帽子，就到有字號的店中去買。如果為了便宜省錢，也可以到帽攤上去挑。帽攤兒上的貨多是二手舊貨，小販把收來的舊帽子翻改修整之後，重新刷染裝飾，再縫上一個新頂珠，猛然一看，與新的一樣，而價錢便宜一半兒，所以銷路亦頗不錯。蘭陵憂患生在《京華百二竹枝詞》中譏諷這種帽子，寫道：

　　　　小帽新興六摺拈，瓜棱式樣美觀瞻。料應時尚鑽營計，第一頭臚總要尖。

23. 賣氈帽

清代佚名詩人寫有一首《竹枝詞》，描寫賣氈帽這一行人的行色：

一杆挑得好氈帽，本是蒙古庫倫造。請君加官試一試，又棉又暖又榮耀。

舊時的氈帽是由一塊毛氈氈料通過反覆磨擠擠壓而成的。造型有圓型帶沿的，也有不帶沿的；有平民老百姓的護耳風帽，也有富紳們戴的細氈禮帽，種種不一，形式多樣。因為形制隨意，不易變形，既保溫祛濕，又抗風透氣，所以，深得各界歡喜。

上好的氈帽出自蒙古庫倫。在清代民初，庫倫是城圈的意思，如今則是蒙古國首都烏蘭巴托。此地盛產牛、羊、馬匹和駱駝。清代晉商通過艱苦卓絕的奮鬥，開闢出中原與庫倫之間的商業通道。羊毛氈是一項重要生意。庫倫羊毛氈是製作氈墊、氈褥、氈靴、氈帽最佳良品。高級氈帽在大帽店出售。內地產的次一等的氈帽，是由走街串巷的小販沿途叫賣的。買賣的形式也很奇特，小販背著一個布褡褳，裏面裝有各色氈帽。手裏握著根長把杆，長把杆上弔著兩三頂氈帽當作幌子。為圖吉利，小販們採用「官上加官」的吉利話，名之曰「加官（冠）挑」。賣帽子的從來不喊賣帽子，而是見人便低聲奉承說：「請爺賞眼，請爺加官。」賞眼，就是請您看看；加官（冠），就是請您買頂帽子戴戴。

24. 賣頭髮

　　最早的一篇描寫古代女人在情急之下，剪去青絲販賣的故事，見於《晉書‧陶侃母湛氏傳》。文中記述：東晉名將陶侃年輕時，家境貧寒，四壁皆空。有一次他的朋友范逵來到他們家投宿，苦於沒有任何東西招待客人。陶侃的母親湛氏便悄悄剪下自己的頭髮，賣給了鄰人。換來錢鈔，買了酒菜招待范逵。後來，范逵知道了這件事後，讚歎地說：「非此母不生此孝子。」從此，「截髮留客」的成語一直沿用至今。後來，婦女變賣青絲以濟應急解困的故事，屢屢見於歷代文學作品中。例如，元雜劇《琵琶記》中的趙五娘，宋代戲劇故事《包公怒鍘陳士美》中的秦香蓮，都是因家貧無奈，而剪斷青絲，鬻於街市，換得銀錢，安葬父母。至孝之情，成為美談。

　　至於青絲賣錢，晉時可以換米數斛。元時一縷可以換得薄材一領，自古至今女人的頭髮一直是有行有市的。賣頭髮的一方用之何為呢？大多是製作假髻、假鬢和髮子，供豪門貴婦美髮之用。

　　清人孫蘭蓀在《營業寫真竹枝詞》中寫道：

　　　　假頭髮團做法妙，活像真頭樣式好；從前最時戳勿坍，近日改
　　做長三套。

鞋襪

25. 推草鞋

推草鞋，亦稱推草履。執業者把一束束稻草用木錘打熟，用這種極端簡單廉價的材料當作製鞋的原材料，足見此業的清貧。推草鞋的師傅騎坐在一條長條的木凳上，凳子的前端有一個木齒牙子，牙子上繫有數莖粗麻繩，用來做草鞋的經，再以稻草為緯，經過搓、擰、交織，和姆指的推緊擠壓，最後，製成厚實磁密的鞋底。再用麻繩結股成束，以繩代幫兒，便製成一雙簡單的鞋子了。這種鞋名之為鞋，實際上也就是一付草編的腳墊而已。

這種草鞋「一雙只賣幾文錢」，窮漢穿了，也就算是不打赤腳了。農夫、樵夫、挑夫、腳夫穿在腳上，翻山越嶺、做工趕路，也可使腳底板少受一些罪而已。

推草鞋這一行實在是一樁苦命的營生。清人孫蘭蓀在《圖畫日報》上有一首寫推草鞋的《竹枝詞》：

> 柴扒一堆草一束，推得鞋成力用足。一雙只賣幾文錢，可憐推脫指尖肉。

詩中既寫了推草鞋的苦，也寫了穿草鞋人的苦。苦人服務於苦人，窮人幫助窮人腳，窮人掙窮人的錢，是打草鞋的窮苦生涯。一天下來雙手皮破肉麻，指尖皮肉欲脫，只掙上幾個窩窩頭錢，全家老小充饑，何以苟活？

26. 鞋挑子

孫蘭蓀在宣統年間刊行的《圖畫日報》上還發表了一首描寫鞋挑子的《竹枝詞》：

> 鞋挑子，真好看，大鞋小鞋掛成串。挑子總無適腳貨，皆因它比櫃上賤。

舊日講究「女主內，男主外」，家人穿用的鞋子，都要女人做，很少從外邊購買。家做的鞋子講究周正大方、結實耐用，鞋底千層密納、鞋幫、鞋口更是針腳均勻。孩子們穿的鞋就更麻煩了，因為他們的腳丫子不斷長大，而且終日亂跑亂跳、腳不停閒，鞋子上腳就壞，大人就要不停地給他們做鞋才行。

近代，因為民眾之需，市面上就有了專門納鞋、緔鞋、製鞋的行當。資本大的有鞋鋪、鞋店，供富戶進店選購。而專為普通百姓服務的，則有鞋挑子一行。製鞋戶和鞋作坊中做出大小不一的鞋子，由鞋挑子小販把它們挑在挑子上沿街叫賣。遇有買者，皆可以就地試穿。小販也會應對，如果穿在腳上覺得小，他便說：「新鞋緊點好，穿一穿就鬆了。」如果穿著覺得大，他就說：「新鞋大點好，穿穿還得回楦兒，一回楦兒，正跟腳。」在鞋挑子上買鞋，最大的好處是可以討價還價。成交後，穿上就走，到也是方便顧客的一種買賣。

27. 鞋鋪

清代民俗詩人陳蝶仙在其所著的《瓜山新詠》一書中，有《大有京鞋店》一詩寫道：

> 招牌金字掛簷端，各式京鞋不一般。三寸弓鞋時樣小，卻無人買有人看。

舊日有專門賣鞋的鞋鋪。鞋鋪多開在城鎮的鬧市之中，有門臉，有字號。例如，北京的老字號「內聯陞」、「步瀛齋」都是赫赫有名的大鞋鋪。大鞋鋪自己的後店並不納鞋、也不絎鞋。他們從鞋底作坊裏收來做好的鞋，為了確保質量，往往用刀剁開鞋底、鞋幫進行查驗，看看是否用的都是真材實料。收來的鞋子，由櫃上的夥計在後場進行再加工、粉鞋底兒、撐鞋楦兒，給新鞋定型。撐楦兒是件極為重要的工序。把不同規格的木楦子放入鞋內，加樺撐實。使鞋幫兒周正、成型，使鞋的樣式好看入時。再把鞋底周遭刷得雪白，然後才能上櫃出售。

例如，內聯陞是一中華老字號，從事手工布鞋行業二百年之久，始建於清朝咸豐三年（1853年），創始人是天津武清縣人趙廷。該店最初專門為京城官吏製作朝靴，鞋底厚度達到32層，而且其售賣的千層底布鞋，鞋底每方寸需用麻繩納一百來針。以此享譽天下，儘管價格不菲，依然受到各界的歡迎。1962年秋天，郭沫若在試穿過他們生產的便鞋後，曾揮筆寫下了一首詩：「憑誰踏破天險，助爾攀登高峰，志向務求克己，事成不以為功。」

28. 皮匠

　　修鞋，是都市中最常見的一個行當。業者有背木箱的，有挑著擔子的。背木箱的，比較輕巧方便，木箱中不同的抽屜裏放著不同的工具，如，大大小小的皮釘、鉗子、剪子、錘子、起子、揎刀、榔頭、鐵鎮子，還有麻繩、皮繩、老弦、錐子、彎針、石蠟、皮跟、鐵掌等物。此外，還有大大小小的皮子塊、皮子頭、破皮鞋、破皮底、舊輪胎等等，都是補鞋子用的材料。最重要的還有一把鐵拐子，兩頭是兩隻鞋底形的鐵鴨子嘴。用的時候，夾在腿間，可將要修的鞋底兒朝天地套在鴨嘴上，修起鞋來很是方便。

　　挑擔子的，除了挑的工具、皮料多些之外，幹的事情也要多些。除了修鞋，還修皮包、皮箱、割皮帶，外帶著收舊鞋和賣翻修後的舊布鞋、舊皮鞋。此業，終日與破鞋打交道，社會地位低下，收入微薄，一直被人視為是一種賤業。

　　清人孫蘭蓀在《營業寫真竹枝詞》中為這一行做詩云：

　　　　皮匠司務真正臭，勿會做新只修舊。莫怪連朝生意少，得錢不
　　夠養家婆。

29. 縫襪子

唐代大詩人杜牧有一首《詠襪》詩，描述閨中婦女縫製襪子，好像「玉筍裹輕雲」一般，特別有詩情畫意：

　　　鈿尺裁量減四分，纖纖玉筍裹輕雲。五陵年少欺他醉，笑把花

　前出畫裙。

舊時代的婦女從小都要學會做襪子。未出閣前自己縫成自己穿用的。出嫁之後，要縫來給家中的大人孩子們穿用。一般家庭男女穿的襪子都是自給自足，從不到市間購買。彼時封建，婦女穿的襪子如同內衣內褲絕不能示人，尤其三寸金蓮所穿之物更不可能上市外露，任憑男人挑揀觸摸。

但男人的布襪，在明季都市的鞋店中便有售賣了。彼時坊間已有了專門製作襪子的專業戶。這些專業戶皆是貧窮的婦人們組成，她們憑藉手工掙些零錢貼補家用。她們在家中縫製的男襪積到一定數額，就有行頭到家來收貨。一總送到店中售賣。這也算是舊日小門小戶婦女的半個職業。也有專為鞋襪鋪剪製襪底兒的。因為這一行做的是足下之物，從不與外人談及，怕讓人看不起。故與納鞋、縫補、拆洗、裁衣一般，統統稱為「做外活」。

農事

30. 耕地

　　封建制度歷時悠久的中國，農耕是社會經濟生活的主動脈，用牛耕地有著漫長的歷史。牛，力大無比，不僅能吃苦耐勞，而且性情馴良，易於駕馭。用它耕地是最好的畜力。漢武帝看到了畜力的作用，數次頒發詔書，號召農戶家家養牛，用它來耕地、拖拉重物。牛的普遍使用，使小農經濟得到長足的發展，農業的產量大幅度地增長。

　　歷朝歷代的皇帝，皆注重牛耕，每到開春，還都親臨先農壇，扶犁耕地、鞭打春牛，為一年的風調雨順祈福。地方府縣亦照例而行，打春牛成了中國農村的習俗。

　　清乾隆皇帝愛新覺羅・弘曆曾作過一首《御製詩》，詩中寫出農民耕種的辛苦。儘管自己錦衣玉食，高高在上，也為耕地的農夫嗟籲嘘唏。他在詩中寫道：

　　　　老農炙背耕田苗，汗濕田土如流膏；廣庭揮扇猶嫌暑，彼何為
　　兮獨不苦？

　　在諸多的帝王的詩作中，為耕農悲傷的實在不多，乾隆的這首詩寫得如此動情，著實難得。

31. 牧牛童

　　牧牛就是放牛、飼牛，在農村已是一個專門的行當，需有人專心去幹。牧牛與役牛不同，不需要技術和氣力。因之，這種活兒多落在窮人家的孩子身上。役牛完畢，將一隻或數隻趕到草坡處放養，或是牽到池塘中洗浴。使牛得到很好的休息，便於翌日的使喚。農家兒童從小與牛打交道，熟悉牛的習性，一邊玩耍一邊放牛，只要不丟失，則可承擔此任。

　　唐代詩人盧肇作有《牧童》詩，寫道：

　　　　誰人得似牧童心，牛上橫眠秋聽深。時復往來吹一曲，何愁南

　　北不知音。

　　詩人筆下的牧童臥牛吹笛，樂趣無窮。但是，吃過這份苦的人，是抹不掉箇中的辛酸苦辣。明朝的開國皇帝朱元璋從小就給別人放牛。他當了皇帝之後，仍念念不忘此事。他在《文集》中講：「朕昔微寒，生者為饑食所苦，死者急無陰宅之難。噫，艱哉。」

32. 車水

　　漢代農村澆水灌溉出現了水車,用水車澆水應該說是農業機械化的一項重大發明。據考,這項發明最初是用來給路面灑水用的水車。到了三國時期,著名的機械發明家馬鈞在魏國擔任給事的時候,對這種灑水車進行了改造和反覆的試驗,最終發明這種由低處向高地引水的龍骨水車,為農民解決了向高地車水的一大問題。

　　《天工開物》書中繪有這種木製水車,其形狀如同一隻長龍,是由連成一串的木盒斗狀的水容器組成。由車身、車頭、橄欖仔和五十七個車扇、一對車椅仔等木製部件組成。使用時,可在低矮的河邊搭起水車棚,將車尾固定在水裏,車頭固定在較高的堤岸上,利用人力踩動車頭,從而帶著水車循環地轉動,就將河水汲了上來,灌溉丘陵、山區裏的農田。

　　南宋詩人范成大任處州知府時,十分關心農事,經常深入鄉間探訪農時。著有《攬轡錄》和《石湖居士詩集》,他在詩中描寫了這種水車:

　　　下田戽水出江流,高壟翻江逆上溝;地勢不齊人力盡,丁男常在踏車頭。

　　農人立於龍頭處,將身子伏在胸木上,用腳踏車,使之轉動。將河漢中的水提上壟畝,好似雲龍吐水一般。儘管這種機械很有效果,但丁男的勞動也是很辛苦繁重的。

33. 割稻

　　南宋詩人范成大曾在石湖養病時，寫了一系列農事詩。其中有《四時田園雜興》一卷，卷中第四十四首記述了農人割稻、打場和收穫的勞動場面，為搶農時，在緊張的勞動當中，既充滿了豐收的喜悅，又怕雷風電雨隨時來襲的恐懼心情。

　　　　新築場泥鏡面平，家家打稻趁霜晴。笑歌聲裏輕雷動，一夜連枷響到明。

　　水稻，從耕田、育秧，到插秧、灌溉、除草、肥苗，一直到稻熟收割、上場脫粒、乾燥入倉，對於農民來說，不知要付出多少汗水。圖中刻畫了農人割稻的場面。炎炎烈日，蒸騰如火，農夫揮鐮，汗灑如雨。爭分奪秒，與天爭時。萬一一場大雨下來，一年辛苦便會付與無常！

　　相傳，我國古代有一種收割用的農具，叫做刈轝。男人在前邊拉著一把巨大碩長的剪刀式的機械收割：後邊的婦人推的是一個輕便的磨轝，把割下來的稻子及時地脫粒下來。好像是一部現代化的收割機。可惜，這些設計只是停留在紙面上的一種空想，在實際生活中並無實證可考。

34. 舂米

　　稻穀收成後，要把它變成可食用的白米，必須要經過舂米這道工序。舂米是個力氣活。臼，用一大塊整石開鑿而成，形狀如同一隻巨大的酒盅。臼的上面架著用一根用大樹段做成的「碓身」，「碓」的頭部下面有一杆杵，杵的嘴子上還按了鐵打的碓牙。「碓」肚的中部，兩邊有支撐翹動的橫杆，尾部的地下挖一個深坑，當把重心移到「碓」尾並將其向坑裏踩壓下去，「碓」頭即抬了起來，撐碓的工人將碓舂下去後，便會把石臼帶殼的稻米沖鑿一下。而後，再把碓頭抬起來，再舂下去，就這樣反反覆覆地用碓頭運動沖鑿，米殼子便逐步脫落，剩下雪白雪白的稻米。起初舂出的米是糙米，先篩去稻殼，再舂第二遍，就這樣，用臼、用碓、用篩子、簸箕，反覆操作，生成的白米越篩越精。這種繁重的勞動就叫舂米。

　　舂米的工人都是靠肉體勞作，受雇於糧店米倉，掙些微薄的報酬養家糊口。一天勞作下來，多壯實的漢子也腰酸背痛，叫苦不迭。

　　清人黃逢昶在其所撰的《臺灣竹枝詞》中有《操臼》一詩，大為這一行人鳴冤叫苦：

　　　　操臼何修月下容，紅顏赤腳鬢蓬鬆；雙拳握杵聲聲喊，紫竹黃
　　梁用手舂。

35. 牽礱

　　牽籠，也叫牽礱。礱，是一種磨盤一樣的農具，農人牽動礱，使其作圓周運動，可以碾稻穀去稻殼。牽礱要用礱車，古代的礱車都是石頭鑿出來的，與農村使用的石磨十分相似。宋代之後，南方已將石礱改為木礱。這種木礱較比石的重量輕巧了許多。而且，用它脫穀去殼，不會損傷米粒。如果要得到真正的可食用的白米，還是要進行一次舂米。這一工序已在上一節「石臼舂米」中進行了說明。

　　　　大小人家盡有收，礱工做來弗停留。山歌唱起齊聲和，快活方
　　知在後頭。

　　以上這首詩係明代文人鄺璠所作，從詞句中可以看出，米碓房中是先把牽礱出的米粒，再經過舂米進一步加工，拋光。經過重新牽礱把米糠磨下來，簸出去。這樣反覆作業，使米粒更加白淨漂亮，由糙米而變成油光光的精米，不僅蒸出飯來香甜好吃，而且，上市還能賣出好價錢。

菜蔬

36. 賣鮮筍

筍者、竹胎也，鮮筍則是未出土或是剛剛鑽出地面的竹芽和竹鞭。這種竹芽水份飽滿、肥嫩腴美，清脆適口，而且帶有青竹的淳香，烹調入味，自古被當作「蔬中珍品」，是盛筵中不可或缺的佳餚。不少美食家說：「寧可饌無肉，不可食無筍」。蘇軾詞《浣溪沙》有贊新筍的名句：

「雪沫乳花浮午盞，蓼茸蒿筍試春盤。人間有味是清歡」一直傳誦至今。

新鮮的竹筍做出來的各種名菜，別有一番風味，佐酒下飯，百嚼不厭。鮮筍在早春二月上市，根莖粗壯，鮮脆而香，有水果味，人們均愛食之。剛上市的鮮筍，名叫「繡鞋」，賣價錢很貴，家庭主婦上菜市購買鮮筍，如同上了戰場一樣，買者、賣者皆為筍的老嫩，分量大小而爭執不下。正如上圖所繪，少婦手執一秤桿，一邊仔細辨識斤量，一邊強令小販用刀截去筍的老根。這種交易情景，成了菜市場司空見慣之事。

清代詩人張春華在《滬城歲事衢歌》中寫道：

果實羅陳列市街，相傳六十日生涯。山蔬也恐憎人聽，嫩筍從
來號繡鞋。

37. 切水筍

　　剛出土的毛竹筍是鄉間百姓喜食之物。把它切成薄片,加入醬油、白糖煮透,曬乾以後,就成了筍脯,收藏起來,供不時之用。有文獻載,乾隆三十三年的一張老菜譜記有,用筍製做出來的各種名菜:諸如江蘇的野如意春筍、浙江的野南肉春筍、四川的野乾燒筍、上海的野筍醃鮮拌雙筍、福建的野雞茸金絲筍等,都是名冠全國的佳餚美饌。就是南方一般的平民百姓家,飯菜也離不開這一尤物。飯桌上的鹹菜燒筍、醬油筍、油燜筍、筍絲湯、筍丁粥,也都別有一番風味。佐酒下飯,百嚼不厭。

　　舊日,有專切水筍的手藝師傅肩荷長凳,串街走巷兜攬生意,為人們切割筍片或筍絲,便於收藏日用。遇有雇傭者,手藝師傅便把條凳支於雇戶門外,一叉腿就騎在凳子上面,手把凳子頂端的小鍘刀,飛快地將水筍片切成筍片、筍絲,一會兒工夫就切得盆滿缽盈!

　　清末詩人映雪老人的《除夕竹枝詞》,描繪了家家過年,鮮肉紅燒水筍乾的情景。

　　　　年年吃慣闔家歡,鮮肉紅燒水筍乾。雞切塊頭魚切片,醋烹芥辣十分酸。

38. 賣山野菜

　　舊日裏，大城市中有一個很特別的行當，那就是賣山野菜。這一行的小販專賣郊外野地裏生長的馬齒莧、龍鬚菜、線菜、蘆筍、苜蓿根、跟頭菜，和山上長的香椿芽、紫荊芽。應時的，還有池邊新柳的嫩芽，垣間榆樹的新榆錢兒，籬畔紫藤的紫藤花兒等等。這些野蔬可以依照時令供城里人烹飪嘗鮮兒。例如，用香椿芽炒雞蛋、拌麵筋，嫩柳芽兒拌豆腐，蘆筍燴鯽花，青蔥炒麵條魚，清香可口，絕對是應時美味。另外，用嫩榆錢兒合麵蒸甜餅，用藤蘿花蒸發糕，用玫瑰花製作玫瑰餅，用桂花蒸甜糕，都是不可多得的佳餚。夏天用鮮荷葉悶粥；秋天用菊花做火鍋，更是入品的名食。

　　這行小販雖說也是提筐挑擔的貧苦人，但他們加衣著穿戴十分齊整，藍布衣褂、青灑鞋、白鞋底兒，是便於進入深宅大院少不了的行頭。衣冠潔淨，不招大戶人家討厭。挑子裏的山蔬野菜雖說不值錢，但都應時應令、新鮮可人，賣得很貴，能多賺些錢。

　　近代詩人馮文洵在《丙寅天津竹枝詞》中，對這一行專有描述：

　　　　菜傭來自御河溝，新摘黃芽薦晚秋；少買論斤多論卷，嚼霜滋
　　味勝珍饈。

39. 賣鮮藕

藕，是荷花的根，形狀為腹中多孔的節莖。春日，將藕埋種於池塘的淤泥之中，不久會從藕節間生出莖葉，伸出水面，長出荷葉，開出荷花。荷花端莊鮮豔，玉立臨風，故有「出污泥而不染」之譽。荷通體入藥，蓮蓬能消瘀止血。蓮子可健脾止瀉，蓮子的胚心可以清心明目，蓮鬚可以止澀固精，荷葉可清暑消熱，藕節兒可以止血生精。淤泥之中的藕，則可通心理肺，清心去燥，也可以入廚做菜，是營養豐厚的蔬果。仲夏，白蓮藕長成，從泥中採出洗淨，白嫩嫩肥美清香，生食，可切成薄片，拌上玫瑰白糖，吃在嘴裏清爽適口，炎夏天氣，細細品嘗，真是絕妙佳品。

清人查揆撰《燕臺口號一百首》中有詩讚曰：

據錢小聚足盤桓，消暑還須點食單；水果不嫌南產貴，藕絲菱片拌冰盤。

這種嫩藕在採集的時候，必須斷荷毀花，才能保證它的鮮嫩。故而價值很貴。待荷花盛開後採下的藕，多是由菜農小販挑入市井去賣。上市早的還能賣好價錢。為的是嘗先兒。待秋後，荷花敗落再行採摘的藕就老了，便不值錢，變成大堆兒搓著賣東西。

40. 賣肥藕

清人徐達源在《吳門竹枝詞》中有詠鮮藕一詩，寫道：

　　相傳百五禁廚煙，紅藕青團各祭先。熟食安能通氣臭。家家燒
筍又烹鮮。

　　肥美清香的鮮藕初上市時價錢不菲，多在水果店中售賣。店主在攤上放置一個大大的冰盤，擺上雪白的嫩藕，藕身上蓋上白布，還要不時地淋水，以保證它的水分充實，亦不變色，招人喜愛。這種當水果賣的稀罕物，在清季多是講究的旗人購買。而今市場上已不多見了。

　　待荷花謝了，採下的藕就不太值錢了。人們把藕買回去當菜蔬食用，做法很多，如炒藕絲、藕片、溜藕丁，有特色的是炸藕盒和糯米藕。炸藕盒是北方的吃法，把鮮藕切片，每兩片的中間夾上調好的肉餡，外面沾上蛋清兒麵糊，放入油鍋用文火煎炸。待其變黃撈出，擺放盤中，趁熱食之，是絕好的下酒菜。糯米藕則是南方的食法。將用水發好的糯米加入肉餡，填入藕的莖孔之中，放入蒸鍋用大火蒸。蒸熟後，再放涼處存放。吃的時候，切成薄片，再撒上香菜，也是一款美味佳餚。藕還可以製成藕粉，食用時調入桂花、白糖，用開水一沖，頓時一碗透明清香的藕粉糊，便呈現在面前。西湖藕粉品質上乘，是名冠全國的妙品。

禽畜

41. 肉檁

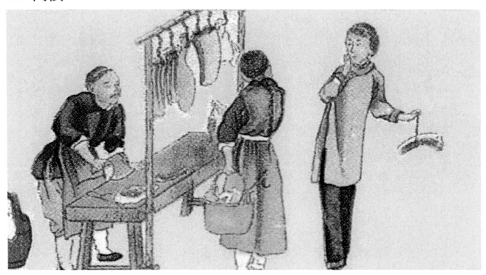

　　舊日市井上有句俗語叫「羊肉床子豬肉檁」，所謂「羊肉床子」指的是賣羊肉的鋪戶。門前都放著一個像床一樣的低案子，為的是方便大教的顧客。如果手裏拎著什麼與穆斯林教理、教規有違的東西，可以在進門時把它放在門外的床子上。出門後，再拎起提走。這叫「兩方便」。而「肉檁」則是指豬肉案子。豬肉鋪必須設一個又大又結實的肉案子，案子中間必然立有一個大木架子。這種架子上能懸掛幾隻大鐵鉤。講究掛上整片豬肉，四五百斤重，不彎不晃。這個架子就叫肉檁。肉檁就成了賣豬肉的代稱。肉案，也是豬肉鋪的一種俗稱，案子上立著個大墩子。在墩子上切肉、剁排骨，更顯得痛快。肉案子一般都架得很高，是因為婦孺買肉時，大多愛挑肥揀瘦、指指點點。用高墩子賣肉，就是怕剁著她們的手指，招來大麻煩。

　　賣肉這行的人多是大胖子，他們各個都喜歡吃肉，而且愛吃肥的。一般說來，不愛吃肉的人就不會選擇這個行業。他們常常自嘲地說「賣肉的瘦，買賣臭。賣肉的胖，買賣壯」。清刊《竹枝詞》有寫肉檁這一行的詩云：

　　　　一年四季賣豬肉，生意無如年夜足。大小人家要過年，買點肉
　　來享口福。肉莊價貴鄉豬廉，貪廉不把豬腥嫌。只恐買了老母豬肉
　　不好吃，醃成臘肉多放鹽。

42. 屠夫

屠夫是以宰殺禽畜為業人的稱謂。其作業的場所稱為屠宰場,其家俗稱屠戶。

屠夫是一個古老的職業,在上古時期,人們集體狩獵,獵得的動物禽獸,皆由專人負責屠宰、分割和分配。司此職者,不僅要掌握熟練的屠宰技術,而且在部落中還要有一定的權威性和神秘性,大多由大祭司指揮支使。到了殷商時期,人們已開始大規模地馴養家禽、家畜,為了吃肉食,屠宰日繁。常與腥臊為伍的屠夫的地位也就逐漸降低了,最終淪落成為以屠宰為業的庖丁。據《史記》稱:自古燕趙多屠狗之夫。春秋戰國時的聶政、專諸,楚漢時期的樊噲、陳平,都是屠戶出身。一般說來,宰殺雞、鴨、鵝、豬、狗、牛、羊,都是屠夫的工作範圍。宋元之後,人們食用狗肉之風逐漸衰弱,屠狗漸排除於屠場之外。

幹屠夫這一行很不容易,要講究技術。古人有「庖丁解牛」一文,寫一嫻熟的屠夫,在解牛之時,因瞭解牛的肢體的結構,用刀可以恣意揮灑,不費吹灰之力。瞬間可使一頭牛骨肉盡脫。殺豬這個活兒與屠牛相似,清人林孔翼在《成都竹枝詞》中寫道:

> 屠牛為計更屠羊,身寄成都算異鄉。人物衣冠俱不類,還多一副狠心腸。

43. 賣雞蛋

清代詩人葉調元在《漢口竹枝詞》中有一首《賣雞蛋》的詩，寫得十分有趣。

> 三三令節重廚房，口味新調又一椿。地米菜和雞蛋煮，十分耐飽十分香。

雞蛋，是母雞所產的孵。《漢書》稱之為雞子，《山海經》稱之為雞卵，到了明代，始稱之為「雞彈」，應是今日所稱「雞蛋」的先聲。

雞蛋的營養價值極高，《本草綱目》云：「卵白，其氣清，其性微寒；卵黃，其氣渾，其性溫。精不足者，補之以氣，故卵白能清氣，治伏熱，目赤，咽痛諸疾。形不足者，補之以味，故卵黃能補血，治下痢，胎產諸疾。」自古以來，雞蛋都是人們生活中的主要菜肴。市間有專門販賣雞蛋的小販，他們從鄉間躉來，挑入城鎮售賣，從中賺點兒薄傭。

賣雞蛋的還有一種副業，兼賣毛雞蛋。所謂毛雞蛋，就是沒有孵出小雞的死雞卵。小販往往隔三差五地挑上一筐毛雞到城中叫賣。城裏的老饕中，專有好吃這一口的。他們把廉價的毛雞蛋買回，或用鹽焗，或加燒酒煮熟，用來佐餐下酒，不食者聞之是臭烘烘的，好食者，則美在其中矣。

44. 賣雄雞

　　京劇傳統戲中有一齣公案戲名叫《法門寺》，戲中的頭一折叫《拾玉鐲》，也叫《賣雄雞》。寫的是孫寡婦攜女兒在家以養雞、販雞度日。一日孫寡婦出門串親戚，閨女孫玉姣一人在家。小生傅朋借買雄雞的口實，來到孫家門首與孫玉姣搭訕。二人眉來眼去，不覺生情，由此惹出一連串的兇殺事件。現拋開全劇不談，可知明代鄉間凡是養雞的農戶，都是兼售雄雞的生意。

　　圖中所繪的雞籠裏，都是販雞人從鄉間蒐來的貨色。雖說是雄雞。因為農人養雞一向不養多餘的雄雞。雄雞不生蛋，還會鬧得雞宅不安。弄得母雞不下蛋，也不長肉。終日嘰嘰咯咯地亂竄亂跳。因之，雄雞養得有了斤兩，就趕緊賣出去。舊日，過年時節，賣雄雞的特別多。小孩子們都圍著賣雞的唱起兒歌：

　　　　呱呱啼、大雄雞，過年俱要用著伊。家家人家買一隻，雞湯雞
　　　肉吃得笑眯眯。雄雞不及雌雞好，雌雞肉嫩雄雞老。買隻雌雞擦把
　　　鹽，噗噗年酒醃雞妙。

45. 賣雛雞

　　舊日，城市中常見賣雛雞的一行小販，他們挑著一對象籠笸一樣的大筐，筐頂繃罩著一塊白布，白布下籠著一筐小雛雞兒。小雞嘰嘰喳喳地叫做一團，好不熱鬧。小販挑著它們走街串巷吆喝叫賣：「小油雞唻……，十個大子兒買倆隻，要快來挑哇……」不一會兒，大人小孩就圍了上來。小販撂下挑子，把籠上的白苦布一掀開，一堆活蹦亂跳的小雛雞兒可就撒起歡兒來，黃色的絨毛在陽光的照耀下，閃著金光，分外精神可愛。出於喜愛小生命的天性，孩子們趴在籠邊看得發呆。大人們把小雞托在手心上，也愛不釋手。這時，在小販的攛促下，大人孩子就你一隻、我兩隻地挑了起來。拿回家中飼養，不僅給生活增添生趣，也是給孩子們買了件鮮活的玩具。

　　在《中國傳統歌謠》一書中，編有兒歌《嘎嘎蛋兒》一首，就是昔日兒童養小油雞時唱的歌：

　　　　小油雞兒，嘎嘎蛋兒，一心要吃黃瓜菜兒；黃瓜留種兒，要吃
　　　油餅兒；油餅兒噴噴香，要吃片兒湯；片兒湯不爛，要吃雞蛋；雞
　　　蛋攤黃兒，要吃牛腸兒……。

46. 飼鴨

　　農村近河塘的地方，有專以飼鴨為業的農戶。一般飼養數十隻乃至數百隻，以專賣肥鴨和鴨蛋為生活。飼養鴨子有一套專門技術，才能把鴨養得膘肥體壯，頸短身長、胸脯寬碩，方可上市鬻錢。

　　飼鴨的用料，講究調配熬製。要將玉米微火熬稠後，撈起瀝去水分，趁熱再加入一定分量的油脂和食鹽，攪拌均勻，方可喂飼。喂飼時，雖說與現代的填飼法有些不同，但也要有一定的強制性。家庭飼養多採用手工填飼，將飼料加水拌勻，使之軟硬適度，再用手搓成二寸多長、半寸多粗的填條，填喂時，操作人坐凳上，將鴨固定在兩腿間，用左手拇指和食指撐開鴨嘴，中指壓住鴨舌，右手將填條蘸水後塞進鴨子的口腔。頂入食道填下即可。每天填三次，初期每次填上三五枚，以後逐漸增加，如果沒有消化不良現象，每次可增加八至十枚，越來越多一些。填喂還要定時，一晝夜填三次，每隔四個時辰，也就是八個小時一次。每次填喂前觸摸一下鴨子的脖頸有無存食，如果仍有滯食，應暫停填喂或少填喂。填喂後要及時供給充足的飲水和運動。要保持鴨舍清潔衛生。做到環境安靜，光線暗淡，不得粗暴驅趕和高聲吵嚷。也要注意防暑降溫，保持舍內通風良好，涼爽舒適。方能促進鴨子的迅速長大。

47. 賣鴨子

　　鴨子的種類很多，北方的優良品種是北京鴨，南方的良種俗稱野番鴨。番鴨是瓊籍華僑從國外引進的，最早在瓊海市加積鎮養殖繁衍，後傳入閩廣、江南。養鴨方法特別講究，先是給小鴨仔餵食淡水小魚蝦，或蚯蚓蟑螂。兩個月後，小鴨羽毛初長時，再以小圈圈養，縮小其活動範圍。並用米飯、米糠摻和捏成小團塊的食料填喂。二十多天便長成肉鴨，其特點是鴨肉肥厚，皮白滑脆、皮肉之間夾一薄層脂肪，特別甘美。

　　加積鴨的烹製方法多種多樣，但以白斬鴨最能體現原汁原味，也最為有名。如果要吃烤鴨，在北京要去全聚德，北京烤鴨是具有世界聲譽的北京著名菜式，用木炭火烤製，以色澤紅豔，肉質細嫩、味道醇厚、肥而不膩的特色，被譽為天下美味，馳名中外。

　　在成都吃鴨子要去「耗子洞」老張鴨子店，是川式鴨子的老字號。樟茶鴨、燒鴨、煙燻鴨等，就數這一家最好。在廣州吃鴨子，要吃脆皮鴨。在南京則要吃鹹水鴨。至於民間百姓的餐桌上，烹鴨、燉鴨、醋鴨塊、炒鴨丁、燴鴨胗、醬鴨肝、醬鴨翅、醬鴨蹼、弔鴨湯等也都是可口的佳餚。

　　販鴨與販雞一樣也是一個大行當。販鴨這一行人以勝芳人最多。這行有個規矩，販雞的決不販鴨，販鴨的小販也決不販雞，二者涇渭分明，互不串行。

48. 獵戶

　　盧令令，其人美且仁。盧重環，其人美且鬈。盧重鋂，其人美且偲。

　　《盧令》這首詩出自《詩經·齊風》，描寫古代獵戶狩獵時的情趣。詩中雖然沒有寫獵者馳騁引發的緊迫場面，而是描寫了一位攜犬出獵的獵人，聞犬環令令之聲，捲髮美髯、儀容威嚴地狩獵待發的狀態。

　　狩獵是一種古老的職業，源自上古的「獵獸而食」。專職的獵戶大多住在深山老林裏，他們使用的狩獵工具是鋼叉、繩網、獵槍、獵犬、獵禽等。運用圍獵、巡獵、伏獵、隱蔽、引誘等一切手段，捕獲獵物。獵戶終日風餐露宿，與山林為伴，與寒星為伍。有時單獨作業，有時結伴圍獵，憑藉堅強的意志和超人的技藝獵得野獸。遂即切割處理，皮肉剝離，及時運下山去。肉可以製脯食用，皮毛經過揉製，換錢購米，維持生活。清代畫家詩人孫蘭蓀有《竹枝詞》云：

　　　　肩揹鳥槍做獵戶，專獵獐麑與鹿兔；深山窮谷顯神通，一天可獵無其數。

水產

49. 漁人

千山鳥飛絕，萬徑人蹤滅。孤舟蓑笠翁，獨釣寒江雪。

這首唐人絕句把漁人生活寫得出神入化、一派瀟脫。當一名漁夫是歷代名賢達士、墨客騷人的一種追求。正如東坡居士所神往的，「漁樵於江諸之上，侶魚蝦而友麋鹿」，作為出世隱逸的精神象徵。古時有姜子牙直鉤垂釣於渭上，後有嚴子陵隱逸釣魚臺的分湖舊跡。近代則有鄭板橋的《道情》傳唱人間：

老漁翁，一釣竿，靠山崖，旁水灣，扁舟來往無牽絆。沙鷗點
點清波遠，荻港蕭蕭白晝寒，高歌一曲斜陽晚。一霎時波搖金影，
蓬抬頭，月上東山。

把漁人生活寫的是那麼詩情畫意，那麼瀟灑風流。其實，現實生活中的漁人生活遠非如此。在封建小農經濟不發達的社會中，漁人的日子更是貧苦無奈，遇到天旱水淺，魚不上網的情況下，食不飽飯，納不了租，生活時常難以為繼。遠非封建文人筆下所寫的那種浪漫的「漁樵生涯」被逼迫不得不鋌而走險的事情實有發生。例如，膾炙人口的京劇《打魚殺家》，漁人蕭恩就因為被官府豪紳的漁稅所逼，而棄家殺人，皆反映出現實生活的殘酷與無奈。

50. 叉魚

　　打魚這行有文武之分。文者，或清溪垂釣，或罾網截波，不緊不慢、不慌不忙地從容有致，不計昏曉，斯文得可以。相較之下，揮臂舞叉，膂力得魚的方式，自然就算是武的一派了。細考，上古時代用叉捕魚的方式要先於用網、用鉤。在出土文物中，就有石器時代的石矛、骨叉等，用來獵魚的實物出現。殷周時期，又有了青銅漁叉。這時的漁叉已十分鋒利，倒鉤也大。又有單股、雙股、三股等多種，加上長柄，都可當做武器使用。《水滸傳》中的阮氏三雄，他們手頭上的漁叉，不僅是打魚謀生的工具，而且是防身禦敵，作戰殺賊的利器，且銳不可當。官兵見到明晃晃的利刃，亦兀自望風而逃了。

　　唐代大作家韓愈最喜歡叉魚，曾作《叉魚招張功曹》一詩，寫盡叉魚的快活。詩中寫道：

　　　　叉魚春岸闊，此興在中宵。火炬燃如晝，長船縛似橋。深窺沙

　　可數，靜舒小無搖。刃下那能脫，波間或自跳。

　　到了近代，隨著生產力的發展，用漁叉捕魚已漸被淘汰，無人使用了。

51. 鸕鷀捕魚

　　宋人沈括在《夢溪筆談》中說：「臨水居者，皆養鸕鷀，繩繫其頸，使之捕魚，得魚則倒提出之，至今如此。」

　　鸕鷀是鳥類中優秀的潛水明星，養鸕鷀的漁人用一隻可開合的鐵環將其頸部繫緊，然後驅入水中，任其用喙捕魚。鷀鷀叼到大魚，吞食不掉，漁人便誘其吐出。哺之小魚，然後又驅之入水，令其再捕。如此反反覆覆，鷀鷀會叼來很多大魚。一天下來，漁人獲利頗豐，可滿載鮮魚而歸。一戶漁人一般馴養鸕鷀十隻左右，最多的也有馴養四五十隻鸕鷀的大戶。馴養鸕鷀捕魚的歷史，在我國最少有一千多年。這是漁人的一大發明，充分地表現了勞動人民的聰明才智。

　　清代詩人吳嘉紀作《捉魚行》一詩，讚美鸕鷀捕魚。全文錄之如下：

　　　　荇草青青野水明，小船滿載鸕鷀行。鸕鷀斂翼欲下水，只待漁翁口裏聲。船頭一聲魚魄散，啞啞齊下波光亂。中有雄者逢大魚，吞卻一半餘一半。驚起湖心三尺鱗，幾雄爭搏能各伸。煙破水飛天地黑，須臾擎出秋湖濱。小魚潛藏恨無穴，雌者一一從容啜。漁翁舉篙引上船，倒出喉中片片雪。雌雄依舊腸腹空，盡將美利讓漁翁。回看出沒爭奇處，腥氣空留碧浪中。

52. 扎蛤蟆

　　宋代大詩人陸游有一首詩，描寫每到夏日，自家門前的稻地裏蛙聲一片，沒日沒夜的蛙鳴，常常攪得他不能安睡。

　　　　湖山勝處放翁家，槐樹陰中野徑斜。水滿有時觀下鷺，草深無
　　處不鳴蛙。

　　這首詩原題為《幽居初夏》，見自《放翁詩集》。

　　人類食用蛙的歷史很悠久。是因為先民傍水而棲，以魚蝦為食的階段，就開始食蛙了。《周禮》有文字記提到「蠪」字，鄭玄注稱：「蠪，即蝦蟆。今之御所良之蛙。」也就是說，在漢代皇宮中，就有炒食蝦蟆這道菜了，而且，其味鮮美，被列入御膳之中。而平民百姓普遍食蛙的記載，則見自宋代的一些書籍中，均稱「江浙人喜食田雞。」田雞，即是長在稻田中的蛙類。

　　既然有人愛吃田雞，那麼，捕蛙這一行人就出現了。他們捕捉青蛙，剝皮成串，送入市場，藉以換得錢鈔。捕蛙的工具，是用一種類似小型漁叉的東西，頭部有倒鈎。捕蛙時，悄悄地行走於田壟之上，尋聲覓得青蛙，舉叉刺之，俗稱扎蛤蟆。然而，青蛙是益蟲，生於田間，不害五穀，啖食蚊蠅，護衛稻穀，歷有護穀蟲之稱。因此，官方屢屢行文，禁止捕蛙。但禁而難止，政府也沒有什麼好辦法。

53. 賣水魚

　　清代詩人王季珠在《春日香山竹枝詞八首》中寫到，春季光臨之時，挨過冬天的水魚可就特別的肥美了。販賣甲魚的小販也就忙活了起來，他們肩挑手提著甲魚穿街走巷的叫賣，把家庭主婦們就都喚將出來。

　　　　橋邊籬落蝶飛飛，一襲輕裝換袷衣。乍雨乍晴春過半，牡丹花
　　放甲魚肥。

　　水魚又名甲魚、團魚、腳魚、王八、元魚等等，水魚是鱉科動物的一種，學名也叫中華鱉。其生長分布在南北各地的河、湖、港、汊之中，就是南方的稻田中，也多有生長。一般到了三至九月間，甲魚腴肥，均可捕捉。

　　在民間的饌飲學中，甲魚主熱，是大補性質的營養之物。用之調湯做菜，食無不鮮。如與貓肉燉在一起，人稱「龍虎鬥」，則是赫赫有名的大菜。

　　販水魚這一行的小販，不屬魚販、肉販這類行當中的人，而屬販菜蔬一行。這一行人入市時，大多挑著兩個淺平筐，筐上罩著一塊破魚網，防止筐內的水魚爬出來。交易用的秤是沒有秤盤的，只有一隻鐵鉤，用來鉤住水魚的頭頸或裙邊來秤份量。

54. 海味鋪

　　舊時的海味雜貨鋪，大多由湖廣的富商巨賈開辦經營的。從業人員亦多為閩南、廣東人。店內山珍海味齊全，南北調料豐富。北方罕見的海參、鮑魚、魚翅、燕窩、干貝、蝦米、海帶、海蜇、鹹魚、臘肉、醉蟹、火腿、香菇、蓮子、金針、木耳等應有盡有。豪宅富室、名莊飯店的餐飲名菜，少不得山珍海味、諸般調料，均需到海味鋪裏採購，尤其，炒菜必備的蠔油，只有廣地獨產，因之盈利相當可觀。大的批發商叫「號家」，小的批發商則稱「行家」。號家從海外直接進貨，批給行家；行家再批給店家，如此，一直推延到大江南北，甚至出了山海關直到瀋陽、旅順、哈爾濱。形成了一支龐大的銷售網。

　　海味雜貨鋪的店面都是仿照衙門口布置的，內部組織結構也特別像州、衙、縣、署。店中管事的和夥計也多是老闆族中的至親。他們從來不接納外姓人入行。廣東番禺人詩人屈大均著有《廣州竹枝詞》，書寫了許多兩廣的風俗佚事。其中有《貴聯陞海味店》一詩寫道：

　　　　由來好食廣州稱，菜式家家別樣矜；魚翅乾燒銀六十，人人休
　　說貴聯陞。

竹木

55. 樵夫

　　古諺有「靠山吃山，靠水吃水」一說。講的就是樵夫和漁父這兩種最古老的職業，鄭板橋有道情唱道：

　　　　老樵夫，自砍柴，捆青松，夾綠槐，茫茫野草秋山外，豐碑是
　　　　處成荒冢，華表千尋臥碧苔，墳前石馬磨刀壞，倒不如閒錢沽酒，
　　　　醉醺醺山徑歸來。

　　詩中寫的樵夫如神似仙，其實，現實中樵夫的勞作和生活真是苦不堪言。在古老的畬山山歌中有一首砍柴歌，道盡這一行的辛酸：

　　　　飯仍食飽路便上，砍柴累得腰腿傷。一隻扁擔一柄斧，砍柴不
　　　　砍七尺長。砍柴不砍七尺五，高岩石壁挑不上。砍柴只砍四尺六，
　　　　挑到鎮上換米嘗。一擔木柴重二石，換米只有一小筐。人家用柴烘
　　　　熱灶，窮哥的睡涼炕。

56. 圓木匠

　　圓木匠，亦稱圓作。其實就是箍桶匠。因為他們加工的活計都離不開一個圓字。舊時女兒出嫁，娘家陪嫁的木器除了箱櫃等大件之外，還有許多小件，諸如提水的水桶、洗衣盆、蒸飯用的木桶、解手用的馬桶。這些桶器都出自箍桶匠之手。箍桶匠用的木料是清一色的杉木。杉木容易加工，而且變形小，是製作各類桶器的最佳木材。箍桶匠的活計製作一般有下料、出粗、刨斜邊、拼合、上箍、鏟鉤槽、上底、打磨、出細等幾道工序。例如，洗澡用的大木盆，是由二十四塊木瓦組成。水桶是用十二塊，馬桶用十塊，這些木瓦的大小彎度都是前輩師傅在長年的實踐中用心琢磨出來的。形成了一定的版式。如何下料、破料，如何使鋸，如何開槽，都有一定的規矩和竅門。沒有幾年的工夫，是幹不了這一行的。其中，最為重要的是刨斜邊。這是加工桶器造型好壞的關鍵。刨斜邊用的平板刨，寬三寸，長一尺六，用硬質檀木製成刨身，中心開有斜膛，插裝寬形刨刀。操作時平板和刨刀口都朝上，故有一個生動的名字，俗稱「朝天吼」。一隻滴水不漏的桶器製作完成時，再用藤條、或鐵箍、銅箍箍實。清人孫蘭蓀有《竹枝詞》寫道：

　　　　木盆散了難盛米，木桶裂了水工歌；修盆箍桶多神速，只是給
　　錢少了些。

57. 斜木匠

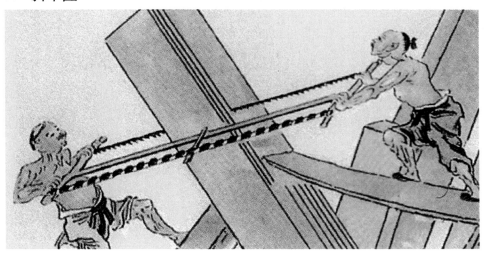

　　斜木匠，是指專做棺材師傅的另稱，他的工作屬斜木行。斜木匠破板材與別人不同，但憑一條「陰陽線」為準，下的大料都是一頭大、一頭小、一頭厚、一頭薄。梂廠做出的棺材，分為蒙、滿、旗、漢四大類。漢材俗稱「蠻子材」，棺材大蓋為月牙形，兩幫呈弧形，平底兒；旗材，亦稱「滿材」，大蓋，兩梆三面坡，呈六棱形；南材的樣式取自南方，底盤凸起，與上蓋一致；套材個兒大，是內材的外套，亦稱「梓材」。

　　棺材中最次的叫做櫛匣子，也叫斗子。都是用劣質雜木的薄板兒製成，棺材的蓋、幫、底一概三分厚，用大釘釘製而成，是供給公家裝斂流民餓殍之用的。如果在斗子上釘一豎條兒，再塗上紅粉的，都是以最廉價格，賣給窮苦百姓們用的匣子。人，生時分三六九等，死後，也是分三六九等的。悲夫！

　　畫家孫蘭蓀在宣統二年出版的《圖畫日報》上有一首《棺材竹枝詞》，寫道：

　　　　方作司務無他妙，全憑一點心田好；香楠獨幅與圓心，一漆眼
　　光看不到，偷工莫做薄皮材，皮薄須防要豁開，倘與貧夫臨死睡，
　　莫教伸出手兒來。

58. 木匠

清代撰寫《聊齋誌異》的蒲松齡，在《日用俗字》中有《木匠》一詩：

　　木匠祖師是魯班，傢夥學成載一船。斧鑿鏈鑽尋常用，曲尺墨斗有師傳。

　　木匠，是一種古老的行業。古代稱之為木工匠人、或梓匠、梓人。《禮記》說「天子之六工，曰土工、金工、石工、木工、獸工、草工」，這裡所說的木工，在當時是一種官職的稱謂，專司製造酒器、弓箭和鐘磬的架子等禮器。同時，主管皇室日用木器製造。後來，逐步演化為一行工種。

　　此行以木頭為材料，繩墨鋸材，用筆劃線，鉋子刨平，用尺度量，開槽打榫，依圖按樣地製作出各式各樣的木製品。大至蓋房子用的脊柱大樑，門窗欄柵；小的，如床櫥箱櫃、桌椅板凳；再小的，如盆桶匣盒、托盤筆架，都能巧奪天功地做出來。建築行、家具行、裝飾行，處處都離不開木匠。

　　木匠供奉的祖師爺是魯班爺。魯班是春秋時期的魯國人，相傳他發明了曲尺、墨斗等多種工具；受到社會的讚揚，稱之為「聖人」。

59. 箍桶匠

製作竹木器是一種專門的技術，尤其箍桶，更是一門獨特的技巧。舊時，女兒出嫁的嫁妝，從浴桶、腳桶，直到馬桶，都要預備十幾樣。還有放水果的果子桶，裝米飯用的飯桶，小孩用的尿桶，人口多的人家可以裝一車，少的也要帶上十件八件。否則，就要被人笑話。

這些桶都是日常的使用之物。使用久了，會有損壞。壞了，就要找人修理。舊時的箍桶匠可真是吃香，每到一處，大家都爭著叫他去箍桶。招待吃飯自不必說，還可以賺不少錢鈔。就拿蘇州來說，早年間城裏的箍桶店起碼也有數百家，幾乎每條小巷子裏都會隱藏著一家小小的箍桶店。臨近夏天，還會有箍桶匠走街串巷兜攬生意。箍桶匠挑的擔子，前面是鋸子、鉋子、木榔頭、鐵箍等工具。後面就是杉木木料和籐條子。箍桶匠一吆喝著，就有很多人家便拿出損壞了的桶修理。箍桶匠必先找出桶的病因，如果木桶變得鬆垮，緊緊篾箍就可以了。如果毛病嚴重，那就把桶拆卸，進行大修大整。箍桶既要有木工的基本功，還要懂得篾匠的技巧。別小看做桶這門手藝，全部採用傳統工藝，光工序就有開料、推刨、開眼、鑽釘、落底、箍桶、上油等十幾道工序，才用竹子切削而成的竹釘，釘進木眼，加固，用籐條加箍，保證滴水不漏，整舊如新。

但是，箍桶匠的一生是十分勞苦的。一但上了年紀不能工作了，兒子再一孝順，他的命運就更加悲慘了。清代有一首著名的《箍桶匠歌》唱道：「曾記當年養我兒，我兒今又養孫兒。我兒餓我憑他餓，莫遣孫兒餓我兒。」

60. 打竹簾

　　竹簾製作工藝已有逾千年歷史。據史料記載，早在北宋年間，精美的竹簾就被列為皇家貢品，飲譽天下。竹簾多以江湘川蜀的慈竹、青竹，湘妃竹等尚好原料製作，篾匠將竹子劈成整齊的竹條，去節刮淨，按尺寸斷材，再由擅打竹簾的工匠進行編製，俗稱「打簾子」。

　　「打簾子」是用線繩為經，用竹條為緯，在承架上反覆編製而成。普通人家的竹簾，夏季掛出來，遮風防蠅。但被人掀來掀去，日久天長，竹條容易折斷，包邊兒也會磨破，木夾板也容易損壞。打簾子的手藝人，夏季挑著擔子串街，承接修補舊簾子的活兒。他們能將破損的舊竹簾拆散，重新編製，整舊如新，頗受市井平民歡迎。

　　打簾子這行人都是樂天派。一個個自命不凡。他們說自己的祖師爺是山林高士鬼谷子，要不就是孫龐鬥智中的孫臏和龐涓。

　　清刊《濟南竹枝詞》中有佚名詩人所作《打竹簾》詩一首，謂：

　　　　槌小行來織竹簾，炎炎盛夏掛門簷。清新健魄神情爽，簾上松
　　青鶴首領。

61. 做籠笹

舊時，老百姓居家過日子，吃喝拉撒，衣食住行，每件事都離不開竹木篾器。譬如盛米用的籮筐，盛飯用的筲箕，舀水用的筲筒，刷馬桶使的纏帚，遮陽擋雨用的斗笠。此外，還有篾枕、竹席、竹床、簸箕、篩子等等，都是篾匠製作的對象。廚房裏蒸飯用的籠笹，也是篾匠的一項傑作。這張圖上畫的就是篾匠們在作坊裏製作籠笹時的情景。

篾匠這行的手藝，首先要會剖竹一枝青竹對剖，一分為二。然後剖成纖細的竹片，再將竹皮、竹心分別剖開，分成青竹片和黃竹片。必要還用火炙，令其出汗，烘出其中的水分。製籠笹要選用黃竹片。將其摂成一定規格的圓筒，用竹帔兒一圈圈地箍好。再把青竹片編成的籠笹帽緊扣其上。這樣，一摞摞的籠笹就做好了。籠笹的好壞，要緊之處在於磁密、口緊，扣在一起嚴絲合縫，送到山貨店才能賣出好價錢。當年清刊圖畫日報上刊有一首賣籠笹歌謠，唱道：

> 篾匠師傅好手藝，做出蒸籠真磁密。蒸籠箍得圓又圓，放在鍋上正可地。蒸籠第一莫走氣，蒸出小菜沸燙有滋味。嚇得貪嘴丫頭難將熱菜偷，眼望蒸籠饞塌塌啼。

62. 編竹涼席

　　夏天，人們為了怯暑，普遍使用草編涼席鋪床。使用竹製涼席的比較少，是因為竹涼席是比較奢侈貴重。一張好的竹涼席，幾乎可以成為一個家庭的傳家寶。用上幾代人，竹涼席會越用越油光可鑒，清涼可人。

　　舊時，一到立夏，編製竹涼席的匠人會仨倆搭夥，帶著工具和竹岥兒等材料進城，走街串巷，承攬生意。攬到生意之後，便在街頭的空曠之地幹起活來。其工藝要比編籮筐細緻很多，一人用篾刀裁截竹岥兒，準備材料；另一人把一架床面大小的木框，立在樹陰之下，自上而下地拉起數十根麻繩兒，當做緯線，再以光潔的竹岥兒為經，一前一後、一上一下，如同飛梭織布一般，反覆穿編起來，手腳麻利的，一袋煙的工夫，就能編成一領。近人曾建開在《竹枝詞》中寫有一首鄉間婦姑在農舍《編竹席》的詩，可以證明，編竹席並非男人的手藝，而農閒的女人也可以操持此業，成批生產，待夏季快來的時候，由男人出面運到城鎮裏店鋪中發賣。詩中寫道：

　　　　裁條鑽孔幾臺機，手捏銀針不製衣。姐妹朝朝穿竹片，編成涼
　　席御炎威。

63. 鋸竹筷

先民發明了筷子，用來吃飯時夾菜夾飯。兩根筷子捏在手中，可以插、紮、穿、挑、夾、撈、扒、拌、攪、拉，還可以用來遞、喂、播、舀、煎、卷、烤、炸，使烹飪和用餐都變得得心應手。可以說，筷子是人類的一大發明。

國人用餐離不開筷子，稱筷子為「箸」，與「住」同音，是把筷子看成與住房一樣重要。竹筷子是平民百姓離不開的日用之物。但是，用手工鋸製尚好的筷子，可是一種特殊的技術。用鋸鋸筷子所需內角度、長短都要把握好，方能一鋸成型。不掌握一定技巧，是不能鋸成好的筷子了。

技術不佳的鋸手，也沒有作坊敢用。鋸一般材質的筷子，有些浪費尚可原諒；若是把鐵荊木、雞翅木等上等材料製筷，鋸得一蹋糊塗，那可就賠到家了。因此，舊時製筷這一行有個不成文的規矩，即隔月開薪，為的是怕出廢品，以薪抵壓。

宋代女詞人朱淑真的《斷腸集》中有一首《詠箸》詩，雖說是遊戲之作，但因文詞欠雅，至今頗有爭議。

> 兩家娘子小身材，捏著腰兒腳便開。若要嘗中滋味好，除非伸出舌頭來。

64. 山貨挑兒

《民國童謠》中一首歌:

> 山貨挑、山貨挑;挑子不大貨不孬;擀麵杖、小槓刀,木棰子、
> 癢癢撓;大娘大嫂買一件,哪件都能用到老。

山貨挑兒的一行人,多是農村閒漢幹的生意。他們挑著滿筐的山貨,在崎嶇的山道上兜攬朝山拜廟人的生意。挑子裏裝的是山里人手工製作的日用之物,諸如擀麵杖、蒜捶子、蒜臼子、木砧子、小案板、磨刀石、鬃毛刷之類的物件。小販本身也許就是這些山貨的製作人,也許是從村民手中躉來的貨色。每逢名山大寺操辦香火大會時,便趕著去做生意。彼時遊人雲聚,香客如鯽,十里山道,人群熙攘,善男信女摩肩接踵,往來不絕。山貨挑兒小販便挑著這些本不值錢的物件,迎著少婦老嫗,向他們全力推銷。雖然十分辛苦,磨破嘴皮,也確實能賣出不少東西。山貨挑是個不起眼兒的買賣,小販只賺些蠅頭小利。可是,這一行中也出了個馳名中外的大老闆,名叫古耕虞,四川重慶人,生於清光緒二十四年。其家世世代代從事山貨經營。他用了八年時間,壟斷了四川豬鬃出口業務。「野虎牌」豬鬃,一度遠銷歐美,享譽世界。

65. 拾刨花

　　俗話說:「俐落瓦匠、邋遢木匠」。說的是泥瓦匠幹活講究乾淨利索,而木匠幹活的場地,卻零亂不堪,廢材剩料,四處濫丟。碎木、刨花,滿地皆是。所以,落個邋遢木匠之名。

　　其實,木匠丟棄的廢物,自然有人收拾,這一行人叫做「拾刨花的」。舊時,人家燒煤火,日日都得生爐子,生火必用碎木頭、刨花兒當「引火兒」。於是,揀拾木匠剩下的廢物活兒,就落在了貧家小童們的身上。他們拾得碎木、刨花,可以留給自家生火用;多餘的,還可以賣給別人,掙些小錢兒花。趕上木匠刨榆木或桐木時,揀出周正刨花兒,還可以賣給賣刨花城的小販,供女人們泡水梳頭使用,發個利市。

　　民初有佚名詩人寫了順口溜,發表在白話報上:

　　　　木匠師傅本事大,鏟鑿斧鋸藝不差。他用鉋子刨木件,我用籃子拾刨花。拾了刨花幹什麼?生火做飯給我媽。

66. 賣竹杆

唐代大詩人杜甫有詩詠苦竹：

青冥亦自守，軟弱強扶持。味苦夏蟲避，叢卑春鳥疑。軒墀曾不重，翦伐欲無辭。幸近幽人屋，霜根結在茲。

說文解字稱：「野竹多生草也」，是說竹子屬草類植物。唐人李陽冰則否定了這種說法。近代植物學則稱「竹屬禾本部，竹亞科，箭竹系，苦竹亞屬」。足見竹子的品種之多。

在城鎮販賣竹杆的小販以四川、江西老表最多。他們從日用雜貨棧或鄉間薹來一批批的毛竹。用竹刀削去竹枝、竹杈、竹葉，刮淨竹節，截去竹稍、竹根兒。然後，根據竹質、長短、粗細的不同修整後，向不同的主戶推銷。成材的可以為梁為柱，支棚搭架。不成材的，則售與篾匠製籮、製筐、截筷子。長的，送到染坊、布肆、洗衣作，作為曬衣晾布的支撐。細的，則賣去製籬，捆帯，做笆篙，當竹鞭。這都是日用雜物，一日不可離此君的東西。

67. 製團扇

《樂府詩集》中有五代無名氏《詠團扇》一詩：

青青林中竹，可作白團扇。動搖郎玉手，因風託方便。團扇復團扇，持許自遮面。憔悴無復理，羞與郎相見。

團扇是圓型的扇子，團團如月，是對圓扇的讚美。也有橢圓型、桃型、方型等式樣的團扇。團扇正中間置扇股一根，正好把團扇一分為二。扇面糊以絲絹、或是宣紙，其上繪有花鳥、仕女、山水，人物，精美非常。精緻的扇柄多用梅烙、湘妃、棕竹製作。也有用洋漆、象牙製作的。一樣美觀高雅，深受文人雅士的喜愛。這種扇子一般是少女、婦人使用。一是輕巧適手，二是文雅嫻靜，宜顰宜笑，風流韻致。因之，產生出不少詩詞名句。如「低眉弄團扇，不知心恨誰」「奉帚平明金殿開，且將團扇共徘徊」，「吳中近事君知否？團扇家家畫放翁」等等。

團扇又稱「遮面」，是淑女用來迴避生人，或用以遮羞之用的一種高雅的遮擋物。不過，團扇高雅別致，是一種高級的工藝美術品，製作和使用一直傳流至今。

68. 賣刨花城

上圖，一個挎著提籃的貨郎，手搖撥浪鼓向婦人們吆喝，「賣刨花城啦——」。這一行人屬賣絨線一行。只不過本錢小，背不起環箱子。籃子裏裝的是花粉、頭繩、絲線、肥皂等物。其中，最多的一件物品是刨花城。刨花城是從梧桐木上刨下來的刨花，用水一泡，能浸出一種透明的黏液，婦女們用它梳頭理鬢，是妝枱上不可缺少的東西。刨花不貴，市井婦人都離不了它。當然，隨著時代進步，這種東西早已淘汰。現在，只有戲劇的旦角演員在臉上貼大彎兒、小彎兒、大鬢，梳大頭，還都離不了它。

據民俗學家張次溪先生研究，梳大頭是秦腔演員魏長生發明的，使用刨花城大概也是他發明的，一直沿用到今天。舊日，賣刨花城的小販手握小銅鉦，兩旁有耳，持其柄搖之嘭嘭作響，故亦名「驚閨」，也叫「喚嬌娘」，婦女聞之，爭著出來購物。

清代文人何大年有《偶和程康絨線兒詩》，行於民國初年的《北洋畫報》，現特錄於下，供大家鑒玩：

> 華年易逐落花流，粉黛慵施對鏡愁。梁燕未歸春寂寂，驚閨聲透最高樓。

69. 編竹籃

　　提籃一物用場廣，隨便東西多好放。做籃需要籃底堅，不堅易
破怪竹匠。街上忽來蜜騙人，見籃不覺暗生嗔。只為籃子皆由篾片
做，劈殘折斷好傷神。

　　這是民俗畫家孫蘭蓀畫中的一首《竹枝詞》。詩人原本說的是篾匠編製竹
籃子的事情，卻把篾片與騙子扯到一起了。但並不生詼諧，反而成了無聊的敗
筆。

　　要說利用天然的竹子製器皿，可算我們古代先民的一大創造。竹子在南方
遍地皆是，滿山遍野，易生易長。而且竹子質地堅韌，不易腐朽，中空有節，
橫向截之，亦可盛水盛物。縱向截之，劈絲劈片，用途更廣。古人用之製作竹
簡、竹刀、竹箭、竹槍。日常用的則有竹簾、竹席、竹床、竹椅，最普通的器
皿則如竹筐、竹籃、竹箕、竹籮、竹篾、竹簍，均是竹子製作。製作這些竹器
是一種專門的技術，幹這一行的通稱篾匠。篾匠師傅的高明之處，在於一把砍
刀、一柄篾刀。篾匠劈出來的竹片，薄厚一致、光潔無比，製扇股、製竹籌、
運用自如。用來編製竹籃，是人們生活中刻不能離的物品。在南方的村鎮城市，
製作販賣竹籃的店鋪極多。後店有兩三個師傅劈竹編筐，正如這幅圖畫一樣。

70. 燒炭

　　唐代大詩人白居易有一首著名的長詩《賣炭翁》，寫盡了燒炭、賣炭這一行人的淒苦，和受到官府的欺壓。時至今日猶自令人不忍瘁讀。

　　　　賣炭翁，伐薪燒炭南山中，滿面塵灰煙火色，兩鬢蒼蒼十指黑。

　　　賣炭得錢何所營？身上衣裳口中食。可憐身上衣正單，心憂炭賤願
　　　天寒⋯⋯

　　舊日百姓日常生活中起炊做飯、冬季取暖，有煤的地域盡可燒煤，而不產煤的地方則要燒炭。炭是貧富人家都要燒用的東西。相傳，木炭的發明者是戰國時代的孫臏。孫臏在與鬼谷先生學習的時候，鬼谷先生命他在山中伐木。為了度過寒夜，他用火焚燒砍成一節節的木頭取暖。當木頭燒至一半時，為了珍惜火種，便用土把沒燒完的木頭埋上。翌日，當他把土翻去之後，發現燒了一半的木頭已經變黑、變輕，餘燼尚溫。孫臏重新把它點燃，就成了既不生煙，又耐燒熱久的木炭。鬼谷子就把「炭」字寫到書裏，傳揚了出去。燒炭的事業就此發展了起來。此後，炭行的人都供奉孫臏為祖師爺。炭工這一行砍山伐木，起窯燒炭，天寒地凍，挑擔送炭。而自己食不果腹、衣不禦寒，黔首墨面，形容枯槁，還被人欺凌嘲弄，外號稱作「炭黑子」，淪落為社會最底層的一群。

71. 炭鋪

　　明代詩人林雲同在《讀書園詩集》中寫有《詠炭詩》一首，該詩不僅描寫了炭的功能，還辛辣地嘲諷了奸黨魏忠賢之黑墨，以及不少沒有骨氣的士人趨炎附熱的醜態。詩的最後兩句斷定，魏黨必如炭的餘燼一樣，終會灰飛煙滅。

　　　　正是高寒欲雪天，聊為置汝鐵爐前。休嫌面目皆成黑，也道燻
　　蒸暫有權。殘灸冷漿爭附熱，垂簾閉戶苦多煙。應知倏忽陽和候，
　　變作寒灰火不燃。

　　人們使用木炭有兩檔子用途。主要的一項是冬日取暖，炭不生煙，火力耐久，清潔衛生，不穢空氣，在客廳置放炭爐、炭盆，或是把燒紅的炭放置在手爐、腳爐之內，隨身攜用極是方便。另一項用途，是用來燒火鍋。寒冬蠟月，在飯桌擺上一隻銅火鍋，點著炭，鍋中鮮湯鼎沸，要麼什錦、要麼菊花，切得紙薄的羊肉片兒用筷子夾起來，放在鍋子裏一涮既熟，放入口中，味美非常。唐白居易有《問劉十九》詩：「綠蟻新醅酒，紅泥小火爐。晚來天欲雪，能飲一杯無？」寫的便是炭燒火鍋的一種快活。

　　彼時城鎮中的炭鋪很多，入冬後價格亦貴，都是用秤秤售賣。圖中買炭的婦人與炭鋪的老闆在爭斤鬥兩，各不相讓。足證好炭的名貴，不讓珍饈。

72. 雕花匠

清人孫蘭蓀有《竹枝詞》稱讚雕花這一行人。寫道：

> 雕花司務本領高，人物花卉多會雕，嵌空靈瓏好手段，活龍活現真蹊蹺。

雕花匠是木匠行中的一個分支。這一行人所做的木器活計異常精細，且帶有雕塑藝術性。大的活計可以「雕梁鏤棟」，大家主裝飾廳堂的落地罩、大隔扇、大屏風，架子床、千工拔步床；中等活兒，如描龍畫鳳樟木櫥、紫檀櫃、黃花梨木箱、八仙桌、太師椅、美人榻、書箱、畫架、八寶如意百寶閣；小活兒則如，案机上的小屏風、小擺飾、雕花尊、調鳥籠、文房四寶中的方盤、圓盒、山子、鎮尺種種皆是。更精細的則如閨閣中的粉盒、燈架、鏡架、手球、念珠等等不一。所用的材料都是酸枝、雞翅、紫檀、黃楊。花梨等名貴的可雕之材。

雕花匠用的工具，除了鏟、鑿、斧、鋸之外，要熟練地使用鏃弓子和刻刀，這兩樣是鏃鏤圖案不可缺少的特殊工具。在歷代的雕花木匠行中，曾出現過不少傑出的藝術大師。近代名冠世界的國畫大師齊白石從不諱言，他自幼失學，原本是雕花匠人出身。而且常以這一段經歷感悟出許多做人、作畫的道理。尤其，齊白石治印，恣肆奔放，單刀直入，勁辣有力，更是得力於木匠之功。

73. 油漆匠

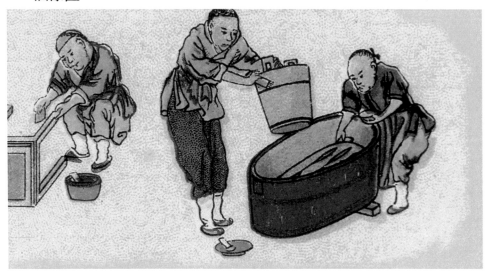

　　油漆是一種塗料，它可以用不同的施工工藝，塗覆在對象表面形成黏附牢，且具有一定強度的膜。既增強了器物的牢度，又增加了它的美觀。

　　我國古代早已發明了漆器，從文獻記載上看，漆器起源於四千多年前的虞夏時期。戰國時期成書的《韓非子、十過篇》，曾說「堯禪天下，虞舜受之，作為食器，漆墨其上。舜禪天下而傳之於禹。禹作為祭器，墨染其外，而朱畫其內。」《禹貢、夏書》更把漆列為貢品之一。

　　古代的漆液是從漆樹中自然分泌出來的，經日曬形成黑色發光的漆膜。先民把它刷在用具上，就成為原始的漆器。若加入紅色顏料，就成為原始的色漆。戰國時期設有官營的漆林，由專門官員掌管。舊日裏，人們對油漆的知識知道得很少。把油漆行看得很神秘。據行里人稱：油漆是魯班的太太發明的。漆行供奉的祖師爺就是魯李氏。後來，漆行又發明了大漆、清漆、桐油等一系列油漆。把油漆刷在木器上，真是既光鮮又牢固。近代詩人李幼芝先生在《雪泥鴻爪竹枝詞》中寫道：

　　　　油匠祖師魯班妻，曾將樹漆塗木器。避水防裂功無量，孰道長
　　髮不創奇。

74. 制匾

匾額原是懸掛在有身份人家的大門上首額、堂室、閣樓、亭園及風景名勝供人觀瞻等處的藝術雅品。也是民眾用於交際酬謝，讚頌祝福、堂室命名、喜慶哀悼的一種形式。也是書法藝術、雕刻藝術和裝飾美學相融合的一種產物。匾的種類很多，有功德匾、行為匾；提示匾、還有提醒後人的警世匾。尤其繁華的市面上，商家店鋪也都懸掛字號匾額，用來號召顧客。這些匾額不僅要名家書寫，四周還要雕飾各種圖案紋樣，十分講究。

匾額的歷史源遠流長，自秦漢到明清乃至近現代，一直在延續發展並且廣泛流傳，每塊匾額的背後都有一段背景故事。也是彼時社會時尚的集中體現。

例如，故宮乾清宮康熙御題的匾額「正大光明」，李東陽為天津獨樂寺所書的「觀音之閣」、嚴嵩所書的「六必居」，大柵欄兒「樂家老鋪」乃壽鎧所書。「瑞蚨祥」、「鴻記」茶葉店都吳春鴻所書。「稻香村南貨店」則為壽石公所書，如此種種，每一塊匾都有著深刻的文化內涵和歷史典故。

製匾額是工藝獨特的一行，也是一種世代相傳的技術工藝。在各大城市都有製匾行的蹤跡。這一行的內部分工很細，有專門負責謄寫書法的，有負責鏤花刻字的細木師傅，還有專門掃青上漆的師傅。任何一塊匾都要披麻、嵌峻、打膩、上漆、拋光，再上漆、再拋光，經過二十多道工序，一個多月方能完成。

棕麻

75. 繩匠

　　麻繩是用各種麻類植物的纖維絞製而成的。用黃麻製成的叫黃麻繩,用劍麻製成的叫劍麻繩,通常使用的有二股繩、三股繩和四股繩,還有用中麻、亞麻、羅布麻製成的繩。因為它的纖維同棉相似,可以製作為比較柔軟的繩帶類產品。根據各自柔軟程度,被廣泛應用於鞋材、服裝、包裝、漁業、船業和建築材料。

　　舊日,繩匠把麻纖維製成繩子,細的,可用手搓,而粗繩的則需借用機械的力量,進行手工搖製。搖製大繩,俗稱打繩。繩匠使用一種簡單的打繩架,繩架一端五個齒鉤或七個齒鉤,一頭固定在牆或樹上,另一頭的搖架要設在十米開外的曠地上。麻繩分別穿在這幾個齒鉤上,一人搖繩,另一位下手手執一柄探杆在這幾組繩子中間來回走動。把細繩合成雙股,再掛在搖架上搖。就這樣反反覆覆地搖,不斷的加撚,越撚越緊,最終便結成了粗粗的大繩。這種大繩用來捆紮固物,做纜做纖,韌如鋼筋,經久耐用。有人統計,製成大繩一尺,繩匠的搖把兒得搖動千次之多,下手工人也得來回走動上幾十里地。繩匠一天勞作下來,筋折骨斷,下手們走得腰酸腿痛。他們所付出的艱辛勞動,是局外人難以想像的。而他們的收入十分菲薄,生活極度貧困。一個壯勞力一年所得,也只有幾塊錢而已,難以供養妻兒老小。此行,在貧苦業中是最堪同情的。

76. 繩子鋪

民國北京的《小實報》刊有佚名作者的寫繩子鋪的白話歌謠：

　　　　繩子鋪，了不起，市廛百工離不開你；繫船纜、可捕魚；繫公
　　牛，可拉犁；繫駱駝、可運煤；繫筲簍，可裝魚；繩鋪老闆早早起，
　　搖出大繩抵糧米。

　　可考的繩子歷史起源至少在五千年以上。我國考古發現，先民用繩子結繩記事形成人類早期的文字。繩索在歷史時期的影響之巨，功莫大焉。搓製細繩，在舊日普通人家婦孺皆會。如果要用比較粗些的麻繩，那是一定要到山貨店，或是專賣大繩的繩索店中去買。腳行、搬運行、船行以及工業方面用的繩索、纜繩、更得到繩店找繩匠們特別加工製作了。尤其在鋼絲、鋼纜尚未傳入中國之先，麻纜的價格還是相當可觀的。

　　舊日的繩子鋪都是個體的連家鋪，前面是店，後邊是搖繩作坊。一般說來，繩子鋪的後院都很寬大，為的是用來搖繩之用。如果沒有大院落，繩子鋪則要選擇一處河灘、廣場支開繩架，進行搖繩。

77. 製棕墊

　　這裡說的棕墊，是一種置於門外，用來蹭鞋踏腳用的踏腳墊。這種踏腳墊一尺半寬、二尺來長，一寸多厚。平時置於門外，家人或是客人從外邊風塵僕僕地歸來，進門之前，在墊子上踏一踏腳，把鞋底子上的污濯跺將下來。然後再進屋去。不僅免得弄髒室內地磚地板，也顯示出對主人的一種尊重和禮貌。放在家門口的這塊踏腳墊，雖然很不起，但從中也可以看出房屋主人的經濟地位和清潔的品位。早年有句俗語講：「闊不闊，腳下有墊子。窮不窮，頭上沒帽子。」好的棕墊都說用海南的棕櫚纖維製作的。

　　製作棕墊的材料，實際用的並非紅棕，而是椰子的纖維。人們把椰子的外殼腐敗後，萃取得到的天然粗纖維，經過加工染色後，再用手工編織而成。從事這種手藝的多是廣東、閩南農人。他們在農閒之際，萃取椰棕，打繩紮棕，編製成型。有專事經營此物的商家，經常下鄉收購。而後販進城中貨棧，再由貨棧向全國各地批發。目前有據可考的，清季最遠已銷往俄羅斯和西歐一帶。據《三水縣志》記載，清嘉靖年間，縣中有專門編織棕墊的鋪戶十多家。產品專供清宮大內各殿門首鋪用。內務府的《物備清單》上邊，也有購置大小棕墊的記載。影響所及，京師的各大王府也無一例外地使用這種東西。

78. 賣苫蓋

　　苫蓋是一種民間常用的遮蓋物。例如食堂裏有蒼蠅，吃剩的飯菜要用苫蓋蓋好。說文講「苫者，蓋也。」爾雅也稱：「白茅苫，今江東呼為蓋。」即是用白茅草編成的蓋子。有的地方叫苫蓑，也叫苫褐的」。

　　苫蓋是普通市井之家常用之物，以大小不同，分別用來苫蓋水缸、醬罈子、米罐子、鹹菜缸等物。防止雨水、塵土、害蟲、老鼠的侵入。這種苫蓋很特別，與木蓋、石板蓋截然不同。它不板不硬，軟踏踏的很輕便。蓋東西嚴實，對外還透氣。能防止東西發黴變質，是白茅苫蓋的最大特一點。民國歌謠中有苫蓋歌：

　　　　白茅草，真叫好，能搓繩，能打撬。還能苫房，苫屋頂，颱風
　　下雨不怕了。打雙草鞋穿腳下，織成蓑衣披肩上。編成苫蓋能換錢，
　　賣來米麵好過年。

　　苫蓋中最好的製作是用紅棕編製而成的。紅棕是一種熱帶樹木，它不生枝丫，一根主幹筆直衝天，頂上幾片寬大的葉子像一把大扇子。隨風搖曳，別具風姿。

　　從事棕製品手工生產的多為閩廣一帶的農人。編製苫蓋也是這一行人之所長。

79. 繃棕床

　　棕床是南方人睡慣的一種涼床。這種床的床屜內膽是用棕繩交叉編製而成的，睡在上邊既鬆軟透氣，又富有彈性，尤其夏天，因為透氣性好，涼爽宜人，故家家都愛用。但用久了則會有所損壞，棕床會出現斷棕、塌網、鬆扣、脫笹等問題，必須修理後才能繼續使用。修棕床這一行便應運而生了。

　　修棕床的多是師傅帶徒弟一起出工幹活兒：或是二人搭夥一起在大街小巷攬活兒。他們攜帶著刀、剪、木鑽、手鋸，還有打好的一捆捆的棕繩。一旦攬著了活計，就在本家的門前幹了起來。在門外的街巷中幹活兒還有一個好處，等於給自己做了廣告。還會招來其他住戶的生意。棕屜若是小修小補，接棕搭扣，一會兒就完。如果要拆棕重繃，那就費工費時了。需拆除舊棕，重新編織一新，所用花費，較之購買新床還是合算得多。

　　清人孫蘭蓀有《貿易竹枝詞》云：

　　　　修棕榻、真得法，棕斷仍把棕來繫；修好又可用幾時，不必更
　　將新舖搭。嗟嗟榻破雖可修，榻旁有人不可留。若教臥榻之旁任人
　　睡，可憐鼾起處不勝愁。

80. 賣蒲扇

坊間有這麼一個謎語說：

> 有風不動無風動，不動無風動有風。三冬常在家中坐，三伏之
> 日顯威風。

無疑，它的謎底是扇子。而且不似文雅的團扇、摺扇、而是頗有威風的蒲
扇。

蒲扇又叫芭蕉扇、葵扇、蒲葵扇。它是用蒲葵的葉子做的，價格便宜，用
著皮實，最受勞動人民喜愛。拉車的、挑擔的、修鞋的、賣西瓜的，幾乎人手
一把，扇風驅蠅，順手拿放，十分方便。

這類扇子是農家閒時製作的，賣蒲扇的小販也多是鄉間的農人，在農閒
時，折蒲葉、曬蒲葉，加工製作成蒲扇。存至翌年暑伏，擔到城中售賣。價廉
實用，深受市井平民的歡迎。賣蒲扇的小販們走街串巷地吆喝：「送風的來
了……」不一會兒就招得婦女兒童們接踵而至，你一把，我一把地爭購一空。

清人王廷鼎在《杖扇新錄》中考證：「古有棕扇、葵扇、蒲扇、蕉扇諸名，
實即今之蒲扇。江浙呼為芭蕉扇也。」

晚清詩人李聲振在《百戲竹枝詞》中有一首《扇技》詩云：

> 不用蒲葵揮暑忙，句麗便面素羅張。閒翻折迭風生袖，目送輕
> 帆轉楚湘。

81. 賣羽扇

搖風碎朝翮。拂汗落毛衣。定似回溪路。將軍垂翅歸。

以上這首詩是晉代詩人庾信所作，見自《庾子山集》。詩中借用羽扇，感慨天上翱翔的雄鷹一旦失勢，落入凡夫俗子之手，它那周身的神翎箭羽，只能成為拂汗之物了。

古人用鷹翎雁羽製作羽毛扇的歷史，至今已經有四多千年的歷史了。據《拾遺記》記載：周昭王時，人們便把丹鵲脫掉的翎毛製成扇子，供帝王使用，稱之為「條融」、「灰影」。古人根據此意，創造了「扇」字，即「戶」下從「羽」。說明，扇子是大戶人家使用之物，高雅顯貴，在上層十分流行。《晉書·五行志》載：「舊為羽扇柄者，刻木為其骨形，列羽用十，取全數也。自中興初，王敦南征，始改為長柄，下出可捉，而減其羽用八。」

可見，高級羽扇是使用雕翎製作的。製作時，須在一隻巨鵰身上拔取左右兩翼對稱位置的翎毛，經過採配、搭配、紮製成型。其中決不能濫用雜羽充代。圖中畫的是清季有專賣羽扇的店鋪，夥計們在為顧客精心挑選羽扇。

82. 草暖套

　　一百年前，能保溫的暖壺還沒有發明，市民用來保暖的東西，有皮子做的皮套、棉花褥的棉套，用這種套子罩在茶壺飯鍋之外，可以使開水、茶水、米飯、粥品，保溫一時，不致於涼得太快。其中，最為實用而且又最為價廉的保溫器具，則是用稻草編製的暖套。

　　這種暖套，多是根據器具的造型編製，如茶壺套，則是高椿的圓型：如果是鍋套，則要寬闊並胖大的圓型套。外邊用草繩編納，內中再續上一層稻草，厚厚實實，很是保暖。把剛沏好茶的熱茶壺、剛燜好的米飯的飯鍋，或是剛炒得的菜、燉好的肉，放在暖套裏，儘管外邊嚴寒刺骨，暖套中的熱氣還真能保上兩、三個時辰。所以，當年不論窮富，幾乎家家都有幾隻草暖套備用。

　　舊日裏，四鄉的農人農閒時，在家編上一些草暖套挑到城裏賣，也是一筆不錯的生意。清代詩人孫蘭蓀先生十分關注市井民生，他把這一行也寫成了《竹枝詞》刊於《圖畫日報》上。

　　　　蒲箬製成茶壺桶，中包稻草尚可用。茶壺捂入暖氣多，不使寒
　　天忽冰凍。

83. 賣撣子

　　清代詩人孫蘭蓀還有一首《竹枝詞》,專門描寫賣撣子這一行。

　　　　雞毛撣帚鴻毛做,此物最好天津貨。雞毛純淨製法精,撣撣蓬
　　塵買一個。我有一言告僕人,居家揩撣要殷勤。不可揑著雞毛當令
　　箭,小人得志意欣欣。

　　撣子是家家戶戶必備之物。當年,商店的櫃檯上、貨架子上,住家的條案
上、都擺著一個專門插撣子用的膽瓶。膽瓶的式樣與帽筒、茶葉罐一起,幾乎
成了定式的擺設。

　　撣子是用雞毛纏製的。用處不同,則款式不同,價格也不同。常用的撣子
是用二尺多長的細竹竿或藤子棍,上端用雜色雞毛纏綁盈尺,頂端則有一層整
齊的公雞尾翎覆蓋,十分好看。使用時,方便可手,價格也很便宜。這種撣子,
廟會的山貨攤上、山貨店裏均有售賣。《燕京雜記》寫道:「月之逢二日,聚於
南城土地廟。凡人家日用等物,靡不畢具。而最多者,雞毛帚子,短有尺餘,
高者丈餘,望之如茂林修竹。」短的,用於家中撣塵土、搞衛生。又長又高的
撣子,主要用來掃房。

84. 賣蒲艾

　　「五月端午」是華夏民族的一個傳統節日，人們包粽子、賽龍舟，紀念愛國詩人屈原。是時，家家懸蒲劍、掛艾虎、貼鍾馗，除瘟避邪，降妖驅鬼。

　　唐人顧鐵卿所著的《清嘉錄》中稱：「截蒲為劍，割蓬做鞭，附以桃梗蒜頭，懸於床戶，皆以祛鬼。」此俗一直傳流至今，尤其江浙一帶的農村，對端午佳節更為重視。

　　所謂「截蒲為劍」，用的就是菖蒲。菖蒲是一種水生植物，葉子挺直如劍，梃頂生花，有異香，能驅蚊蟲。「割蓬做鞭」用的則是艾草。艾草也是菊科草本植物，揉之有香氣。五月端午，人們「採艾以為人形，懸門戶上以禳毒氣。」大人們還用紙或布，剪成老虎的形狀，再黏以艾絨，縫製「艾虎」帽子。小孩戴在頭上，說是可以祛邪避災。所以，一近五月，農夫便收割菖蒲、艾草，擔入城鎮出售。百姓為企求康樂太平、無病無災，就是多花些錢鈔，也都心甘情願的買些蒲艾，應景祛病。

　　清季詩人子鴻在《燕京竹枝詞》中描寫此俗。

　　　府第朱門過端陽，菖蒲艾子掛門旁；以禳不祥之遺意，更村天師在中央。

85. 賣枕頭

　　枕頭置於床頭，可以用之休息、小憩和睡眠，人們稱為「無憂」。枕頭也可以抱之取暖、慰籍孤獨，名之為「啞妻」。此外，還可以用之墊背、墊腰、墊臀，以助「周公之禮」，足見，枕頭的用處極多。

　　北宋史學家司馬光曾用圓木作枕頭，睡時稍動一下，頭便從枕上滑落，人即驚醒，醒後可以繼續讀書，他把這個枕頭取名為「警枕」。枕頭作為商品出售，自是有高低貴賤、品質良莠之分的。顧繡莊、蘇繡莊的繡花枕頭，製作精良俊美，是富貴人家婚嫁之物。而平民所用的枕頭，除了自己縫製外，多由行街小販處購買。因為不僅造型美觀，更重要的是枕內的充添之物，如麩子、蕎麥皮、綠豆、蠶屎、黃豆等，盡可根據需要隨意挑選。另外，大至夫妻合用的「合歡枕」，小至兒童之用的「老虎枕」，老人用的「空心耳枕」等，品種繁多，價錢各異，但糜費有限。行街小販，均有銷售。販枕的小販十分有趣，他把各式枕頭依大小排序，用兩條布帶一兜，肩於肩頭。走在大街小巷喊著「無憂囉——」。是取「高枕無憂」的吉祥之意，人們一聽就知道是賣枕頭的來了。世界書局出版的《詩謎》一書，有詩寫道：

　　　　或長或短軟綿綿，伴爾三更好入眠。多少人間是非事，慣聽碎
　　語與閒言。

86. 賣燈草

　　元代詩人薩都剌寫有《燈草》一詩，是以微不足道的燈草，來抒寫戀舊的個人情懷。

　　　　天涯何處無青青，王孫去後蘼蕪深。瑤田手種綠玉發，道是無情卻有心。

　　燈草，亦名通心草，是一種多年生草本植物，其莖獨具韌性，直長中空。乾燥之後，用來造紙、織席、織履，尤其，用它來製做蠟燭的芯子。或油燈的芯子，特別好使。點燃之後，易燃抗風，不易熄滅，而且，燃燒的時候，燈草芯子能隨著火焰的下延化為灰燼，既不黏連，也不會使蠟油垂淚，要比棉芯、葦芯好得很多。

　　燈草還是一種藥材。《本草綱目》稱其「味甘性溫，可清熱利水」。家中小兒有個頭痛腦熱、食水不暢時，大人便用燈草煮水，小孩飲下，即可清火去熱，排穢利尿。舊時，販賣燈草一行，也是一個很活躍的行業。熊大容在其文《燈草客》描繪：「他們頭上包著幾尺長的粗白帕子，右耳朵邊吊下三四寸長的帕頭，身穿對襟汗套或滾身衣，腳著稻草鞋或淺耳子苧麻草鞋，肩上披著一個結染白花的藍布搭褳，裡面裝的是錢鈔和食物。腰間纏一根粗麻繩子，上面別著一根兩尺多長的煙杆。手裡舉著一根長竹竿，上面掛著幾大團白花花的、亮閃閃的燈草，以濃重的四川口音在那裡叫賣。」賣燈草本是小本生意，賺不到幾個錢，好在需求龐大，家家戶戶都要用到。

陶瓷

87. 鋦碗匠

　　家庭主婦終日操持家務，燒火做飯、洗涮碗筷，少不得有個磕磕碰碰，把碗兒碟兒磕裂碰壞。傷損不大的，若丟棄不用，覺得可惜，再買新的又捨不得破鈔。於是，就把有裂紋的碟碗和掉了磁兒的罈罈罐罐收將起來，等著鋦碗匠來時，拿出去鋦一鋦，補一補，再湊合著使用。這也是一種勤儉的美德。

　　鋦碗匠以河南安陽人居多，他們挑的擔子一頭是方的，一頭是圓的，自謂「方圓幾百里，處處吃得開」。遇到有活要做，鋦碗匠須坐在小板凳上，膝蓋上蒙一塊厚布，先用刷子把要鋦的碗碴和裂紋處刷洗乾淨，打碎碴兒對好，便用一根帶鉤的線繩，把碗、盆上的壞碴固定好。就拿出類似琴弓一樣的「鑽弓子」，在碗碴上鑽出成對的小孔，把或銅、或鋁製的鋦子嵌入孔內加以固定，最後，在外面抹上一層薄薄的油灰，就算補好了。《民國百業竹枝詞》中有一首無名氏作的詩。寫道：

　　　　撿取殘鐺破勺來，鉗錘爐橐早安排，諸公莫笑非良冶，總惜人間有棄材。

88. 鋦大缸

　　舊時民間用大缸、罈子裝水盛米，十分普遍，不論身份高低、家境貧富，家家都得使用。遇到使用不慎或遭到碰撞，多結實的缸也會開裂，罈子也會破損。損壞嚴重的，一丟了之。如果壞的並不嚴重，棄之又可惜，那就請鋦缸的匠人來鋦補。

　　鋦缸的總是背著一個帆布包，裏邊放著鋼鑽、鑽頭、鋦子、膩子等工具，手中還都提著一個細嘴銅壺，壺裏邊裝的是和膩子用的桐油。他們走鄉串戶地兜攬生意，喊聲又尖又快。要鋦東西的人家聽到後，會出來議價，並把他請進家門院裏幹活。鋦缸的師傅則用刷子把缸的裂隙處刷洗乾淨，用繩子纏纏繞繞把缸、罈固定好。然後拿出杆鑽，纏上牛皮繩，在缸上打眼，最後用鐵鋦子嵌入眼內加以固定再在破缸外面抹上一層膩子，就算補好了。待膩子晾乾之後，便滴水不漏了。民國詩人李幼芝在《雪泥鴻爪竹枝詞》中，以鋦缸喻「代人瓦全」補漏，「補湊鑽營事可羞」句，暗隱一個「修」字，十分絕妙。

　　　　也知墮甑莫回頭，補湊鑽營事可羞。弦外有心誰領會，瓦全我
　　正為人謀。

89. 瓷器擔

　　明代詩人李日華曾在市井的瓷器擔上購買了一件瓷器,心中十分高興,順手作了一首詩,讚美這一行人。錄入自己的著作《恬致堂詩話》之中。

　　　　為覓丹砂到市廛,松聲雲影自壺天;憑君點出琉霞盞,去泛蘭
　　亭九曲泉。

　　舊日市井常見有瓷器擔一行,挑中放著各色雜磁,碗、碟、盃、洗,應有盡有,一任顧客挑選。

　　瓷器擔與坐店經營的瓷器店大不相同。瓷器店賣的都是上等瓷器,膽瓶、帽筒、海甕、瓷罎、瓷燈、瓷屏,以室中陳設品居多。瓷器擔與之相反,專門銷售小窯出品的廉價粗瓷,一付籮筐裏面擺滿了民家日用之物。除了上述的、掛了釉的常用器皿之外,瓷枕、花盆、連小孩玩的磁哨、磁球、磁骨骨丟也都有。小販是沿街叫賣,手裏還拿著一個瓦盆,用擀麵杖敲得嘭嘭作響。有人來買,盡可以打價還價。時人有《竹枝詞》寫道:

　　　　瓷器江西妙,銷路到處好。有店有擔更有挑,攤上生意也勿小。
　　五彩花瓶淡描碗,粗細多有真勿壞。忽然來個外國人,淡描火爐買
　　勿對。

90. 石匠

　　石匠有兩種，一種是採集石料的，稱為大石匠。另一種是將石料加工成石階，石磚、石碑、石雕等用品，這種石匠居多，但把大字取消了，全叫石匠。石匠的活兒又苦又累、又髒又重。不僅工匠行裏不太看得起石匠，就是石匠自己也不太看得起自己。在各行會眾中，石匠總是排在最末。說石匠師傅不如狗，天晴落雨山裏走。石匠活兒就是成天在野外幹，日日風吹雨打，饑餐露宿。一手老繭，一身破衣服，真連乞丐都比不得。

　　石匠這一行多是父一輩子一輩地幹下來的，最不濟的石匠在鄉下鑿石磨、石碓、修橋、鋪路。略高一等的要會刻石碑、上馬石、石鼓、石凳。更上一等的，要會打圖樣、鑿門蹲、雕欄杆、石匾、石楣、石花、石幔、石棺、石槨。這得有過祖師爺真傳，才能承攬這等活計，掙上造辦處的頭等工錢。石匠最引以為豪的傑作，就是坐落在河北省趙縣城南五里的清水河上，舉世有名的趙州橋。據橋旁的石刻銘文可知，該橋建於隋朝年間，距今已有一千三百多年的歷史。在漫長的歲月中，雖然經過無數次洪水衝擊，風吹雨打，冰雪風霜的侵蝕和地震的考驗，橋卻安然無恙，巍然挺立。充分顯示了我國勞動人民的聰明才智。銘文刻有建橋人的名字叫李春。但是，石匠行並不承認這個李春，還說是祖師爺魯班爺爺修的。

金屬

91. 鐵匠

中國冶鐵術晚於冶銅，大抵在公元前 500 年才出現。經過一千多年的發展和進步，冶鐵術和冶鐵生產的規模，才有了長足的進步。到了明代，冶鐵場已頗為龐大了。例如，山西交城縣出的雲子鐵，年產量已達十萬斤以上。用冶鐵製造的兵器相當有名。刀、槍、劍、戟，斧、鉞、鉤、叉；大則火炮、兵艦，小則鏢、箭、子彈，無不藉重此業。

在人們的日常生活中，也處處離不開鐵器。大到犁鏵、車軸、馬掌、鍬、鎬、鍁、鏟，小到刀、剪、錐、針，般般皆為鐵匠所製。至於民間的小鐵匠鋪，其生產狀況還是很落後的。大多由師傅掌鋼、看火候、成型、沾火；徒弟則掄油錘、敲鎮子、添煤、扯風箱，一天下來，腰酸腿腫，如過煉獄一般。

清代順德詩人梅璿樞寫有《汾江竹枝詞》一卷，對當時民間鑄鐵作坊之多和鐵匠這一行人的辛苦，有此寫照。

　　　　鑄鍋煙接焰鍋煙，村畔紅光夜燭天。最是辛勤憐鐵匠，擁爐揮
　　汗幾曾眠！

92. 錫匠

　　明清時期，人們用錫製作日常日用品用途極廣，一是因為錫的熔點比較低，二是錫的可塑性特別強。製作起來容易方便，所以，平民百姓用的也特別普遍。

　　錫匠一般在冬閒的時候走街串戶，攬活做藝。一旦攬上活兒，錫匠就地把小爐灶支起來，人們把家中殘破的舊錫具，如錫壺、錫碗、錫盅子、錫燭千、油燈臺等等，不能再用的東西都拿出來，囑錫匠將之熔化後，再製新的器皿。至於打造什麼？主家會提出不同的要求，譬如做一個錫盆、錫罐兒、酒杯、酒素子。錫匠便開始按部就班地作將起來。先在坩鍋裏把舊錫器化成錫水，用熔化的錫水攤成錫片兒，根據本家要求，剪樣兒，摁型，焊接成型。再經過打磨、增光，一件新的家什就能製成。孫蘭蓀有《竹枝詞》寫此行當，刊於《圖畫日報》上：

　　　　可憐錫匠擔，近來難吃飯；不是錫作藝不精，只因錫器東西逐漸減。錫跑不用用塘磁，亦一中國大漏卮。安得急籌抵制法，莫教此業不能支。

　　從中可以看到清代末年，由於瓷器、搪瓷製品、鐵皮製品的興起，錫器就顯得笨重落伍了。城鎮鄉村已難再看到錫器的影子。

93. 補鍋

　　老百姓過日子，燒水做飯都離不開鍋。鐵鍋常年盤在灶臺上，煮水、蒸饃，日日不可或缺。但是，再堅實的對象也會破損，時間長了，鐵鍋也會開裂、破漏。因此，補鍋的行當也就隨之出現了。

　　這一行最早是由鐵匠爐作中的師傅承擔的。人們把破損的鐵鍋送到鐵匠爐作坊去補。後來，由於需要殊眾，補鍋就成了單獨一個行業。一個師傅帶著一名徒弟，二人一起出門幹活兒。每到一處，師傅在村頭路口生火開爐，徒弟走村串巷兜攬生意。師傅則提前把敲碎的鐵料放進坩鍋內，拉動風箱熔化鐵水。待徒弟把收來的破鍋拿回之後，就開始補鍋。徒弟拉風箱，師傅左手托著裝有火灰的布墊，右手用長柄鐵勺從坩堝中舀出火紅的鐵水，對準鐵鍋的窟窿一倒，右手拿起布卷子將鐵水用力擠壓，使鐵水將鐵鍋的裂漏箍在一處。轉眼之間一隻鐵鍋就補上了。清末畫家孫蘭蓀作《營業寫真竹枝詞》，借補鍋一事感慨時事。

　　　　生鐵補鑊子，練就好本事。能教破鑊復完全，又好燒飯燒菜燒
　　開水。世界近有銷金鍋，此鍋無底銷金多。安能設法將它補，不使
　　銷金喚奈何。

94. 打剉刀

剉刀與普通的刀不一樣，剉刀表面上有許多細密的刀齒和有棱角的條形，是用來剉光工件的一種工具。剉刀按用途來分，有普通剉刀，用於一般的剉削加工。木剉，用來剉削木材、皮革等軟質材料。還有什錦剉，用於剉削小而精細的金屬零件。剉刀若按剖面形狀分，則有平剉、方剉、半圓剉、圓剉、三角剉、菱形剉和刀形剉等。平剉用來剉平面、圓面和凸弧面，方剉用來剉方孔和窄平面，三角剉用來剉內角、三角孔和平面。半圓銼用來剉凹弧面，圓剉用來剉圓孔和半徑較小的凹弧面。

剉刀在我國的發明和應用很早。目前發現的最古老的剉刀，出土於漢代墓葬當中。從形制上來看，顯然是一柄木剉。歷史上最善於使用木剉的是明朝的天啟皇帝朱由校。朱由校自小不上學，沒有文化，處理國家大事，糊裏糊塗、一竅不通。但是，他平生最愛當木匠，能做一手極好的木工活。他善於用剉，做出的硯床、梳頭匣、多寶格、椅、櫈之物，十分精巧雋麗、出人意料。對於自己滿意的作品還讓宦官們拿到市上去賣。行前還千叮嚀、萬囑咐說這是御製之物，不可廉售，每件價須一萬。巨宦富賈千方百計地獻媚，踴躍爭購，其價何止一萬。當小太監們把所售之款，如數呈上時，熹宗大悅，並且得意洋洋地擺弄著手中的剉刀說：「此非朕一人之功，但憑此剉也。」

95. 磨剪子

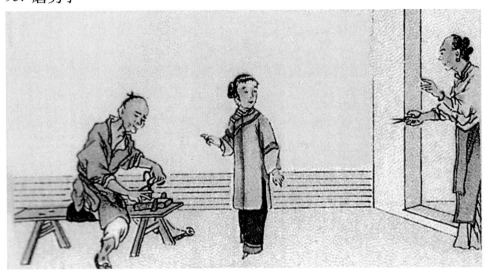

　　剪子是人們日常生活中不可缺少的工具。裁衣截布、斷葛斬麻全離不了它。考古發現，鐵器盛行之前就有了銅剪子出現。我國製剪子的工藝十分先進。并州產的剪刀在唐代已享譽全國。唐代大詩人杜甫在《戲題王宰畫山水圖歌》中云：「焉得并州快剪刀，剪取吳松半江水」詞人姜夔也有《長短句》云：憑空有并刀，難剪離愁千縷」。古代的并州是今日的山西太原，早年這裡冶鐵業發達，打出來的刀剪鋒利無比。自清朝起，南方出了個「張小泉」、北方出了個「王麻子」，都是以製剪刀成了響噹噹的大名牌。據說，張小泉、王麻子的祖籍還是要追溯到山西并州，是他們的祖輩們將製剪刀的技藝傳到華夏南北。王麻子也好、張小泉也好，一出名，大大小小、真真假假的王麻子、張小泉就一擁而上，紛紛都掛起了這一金字招牌。《首都雜詠》一書的作者張笑我有詩寫道：

　　　　紛紛刀剪鋪如麻，認取招牌有數家。外客欲將真貨選，不知誰
　　是老王麻。

　　自從剪刀一出現，磨剪子餶菜刀的也就隨之出現了。這一行最早是磨鏡子的轉行的。古時大家閨秀用的都是銅鏡，銅鏡用久了就得磨新。後來，磨鏡子的都附帶著磨刀磨剪子了。

96. 修鐘錶

　　清世宗愛新覺羅·胤禛（雍正皇帝）有一首關於詠鐘錶的詩，他寫道：

　　　　八萬里殊域，恩威悉咸通。珍奇爭貢獻，鐘錶極精工。應律符
　　天健，聞聲得日中。蓮花空指漏，奚必老僧功。

　　細考，西洋鐘錶進入中國的時間是明代初葉，是由意大利傳教士利瑪竇帶給中國皇帝的禮物。因製作精巧、計時標準，遠勝於宮內計時的日軌、沙漏和水鐘。深得皇室的喜愛。直至清朝的三百多年間，西洋鐘錶都是奢侈的貴族用品。

　　後來，歐風東漸，西洋鐘錶進口越來越多了，鐘錶修理技術也成了特殊的一個行業。修理鐘錶的技師，最初都是皇室從德國請來的，高薪支付在內務部裏任職。專為皇室維修洋鐘洋錶，吃著皇家俸祿，享有特殊的待遇。隨著這些洋技師的年事增高，奉皇命招收旗人子弟學徒從藝。中國人很聰明，對西洋淫巧之技，一學便會。久而久之，修理鐘錶的技術便傳出宮外。加之，乾隆年間裁減內務府冗員，一些會修錶技術的旗藉師傅流入民間市井，獨立開業，以修鐘錶為業的店鋪就出現了。「亨達利」便是具有代表性的大賣買。

照明

97. 點街燈

　　街燈也叫路燈，是設置在街道兩旁用於公共照明的燈。

　　舊上海最先設置的街燈的地方，都是在英、法租界裏；北京則是在外交人員集中地的東、西交民巷大街。街燈是從西洋引進的，造型獨特，洋氣十足。路燈設在鐵製的燈柱上，「以六角玻璃為之，遙望之燦若明星」。但是最初電器尚未引進，還是用煤油加稔照明。街燈須有專人負責管理，雇有專門的點燈人執業。點燈人每天黃昏時分開始點燈，清晨到來即熄火，一年四季，依時工作。幹這一行的也要有一定的技術。他們一隻手拿著一根長鐵鉤，用來開啟高處的玻璃燈門，另一隻手擎著一支長長的燈媒，伸進燈罩之內，點燃燈芯，再順手關好燈門。如果不能熟練地掌握這一技巧，還真幹不了點街燈這一行。以上這張畫片，記錄了早年間點路燈的真實情況。

　　近人葉仲鈞編輯的《上海鱗爪竹枝詞》中，有一首《詠路燈》的詩：

　　　　廣連鐵管到圍場，灌足煤煙地下藏。入戶穿街燈遍設，一經開
　　點火生光。

98. 燈籠作

　　燈籠是人類對抗漫漫長夜的法寶，也是舊時人們日常生活中不可缺少的東西。《南史》記載有「壁上掛葛燈籠」的句子。葛，就是用麻織成的白色粗布，用它糊製燈籠，也就是紗燈的原始雛形。說明燈具發明之早。燈籠上可以標明官銜、府邸、賣買字號、人之身份的稱為風燈。

　　圖中所畫的是清代末年燈籠作坊的匠人們，在製作燈籠時的情景。工匠們將粗細不等的竹披兒、竹條，彎成圓型骨架，再在骨架之外糊以絹紙，做成燈籠。樣整型正，透亮抗風。大燈籠，可以懸掛在城頭官衙、達官顯貴的庭院門首；小燈籠可以置於案頭机上，讀書照明。逢年過節，兒童以提燈遊戲，快樂非常。

　　清人查慎行所作《鳳城新年詞》中記有賣燈、買燈，結硼作樂的歡快場面：

　　　才了歌場便賣燈，三條五劇一層層；東華舊市名空在，靈佑宮
　　前另結棚。

99. 燭坊

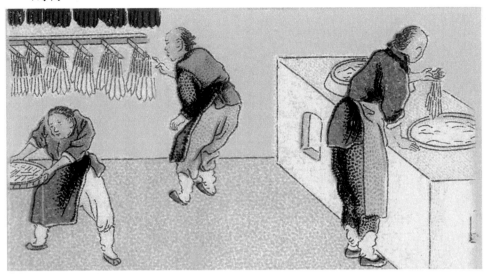

《全唐詩》中有唐人孫氏寫的一首《詠白蠟燭》詩，歌頌了燭坊製燭，普照人間，功德無量的讚譽。

　　　　景勝銀缸香比蘭，一條白玉偏人寒。它時紫禁春風夜，醉草天書仔細看。

蠟燭是用多種動物油、植物油混合，熬到一定的程度，冷卻成為乳狀的蠟油。製燭的工匠師傅，用燈草拈製好燭芯，沾上燭油，稍事冷卻，燭油即凝成柱。而後再沾，再凝，反覆操作，到了一定的粗細成度，就成了蠟燭。

古來，蠟燭的主要用途有兩種。日常照明是一個方面；另一方面是用於上供禮佛，對天神表示恭敬。盛唐時期，佛事最盛，耗用香燭無數。據《明書》卷八二記載：「只香蠟一項宮中每年需用黃蠟二十餘萬斤，白蠟十餘萬斤，香品數十萬斤。直到嘉靖時期，蠟炬的消費，「歲增月益，不可悉舉」。據《明書》卷八二記載：「只香蠟一項宮中每年需用黃蠟二十餘萬斤，白蠟十餘萬斤，香品數十萬斤」。民間度用之大，也無法給予度衡。由此，可以推想到當時製蠟業的規模大小，簡直不可忽視。

100. 賣燈籠

　　明代大畫家唐寅在《伯虎文集》中有一首著名的《元月燈彩》詩，措繪市井走會鬧花燈的熱鬧景象：

　　　　有燈無月不娛人，有月無燈不算春。春到人間人似玉，燈燒月

　　　下月如銀。滿街珠翠遊村女，沸地笙歌賽社神。不展芳樽開口笑，

　　　如何消得此良辰。

　　「正月十五鬧元宵」，屆時大街小巷處處張燈結綵，各式各樣的燈籠都懸掛出來，爭奇鬥巧，徹夜輝煌。屆時男女老幼，攜手牽扶，踏街賞燈；在歡樂的氣氛中，人們不計尊卑長幼，同歡共樂。

　　《唐俗》文載：每到節日的前三個月，城中製作燈籠作坊就都忙了起來，趕製各式各樣的燈籠，五光十色，爭奇鬥豔。臨近佳節，賣燈籠的小販也忙了起來。他們手裏擎著金魚、蛤蟆、蚌蛤精、金蟬、五蝠、元寶、金錢種種花燈，招遙過市，引得婦女兒童爭觀搶睹，雀躍非常。這些表示吉祥祈福之意的五彩紙燈，在販燈小販走街串巷的吆喝聲中，被人們搶購一空。為的是圖在吉利，驅暗迎明，歲歲平安。在燈節之前售賣燈籠，的確是一樁正正經經的好買賣。

101. 電工

　　早在 1878 年，美國科學家托馬斯・阿爾瓦・愛迪生發明了電燈之後，如同繆斯竊得天火一樣，使照明事業得到迅速的發展，社會生活也由此發生了巨大的改變。

　　清光緒八年（1882），上海英國領事官邸首開先河，在中國安裝了發電機，開始使用電燈。耀眼的燈光把黑夜變成了白晝，也開啟了東漸的歐風。光緒十二年，發電機傳入北京，電燈先在皇宮御苑裏安裝使用。恰值頤和園正在擴建，慈禧太后降旨，儀鑾殿率先安上了電燈。《故宮檔案》稱：「光明所及，使頤和園夜如白晝」。

　　有了發電機，有了電燈，就有了電工這一行。最初這些電工技師均來自英國和德國，年薪有數百兩紋銀之數。隨著發電廠的不斷擴大和電燈向民間的普及使用，開始有華人介入，承擔起拉線、裝燈、換燈泡等工作。時人稱之為電燈司務。清代詩人夏仁作《清宮詞選》中有《電燈詩》：

　　　薄霧籠煙月未升，頤和殿角隱層層。內宮走馬開金鑰，萬盞齊
　明電氣燈。

交通

102. 排子車

　　排子車是一種木製的大車，與北京常見的畜力大車的構造和樣式大體相同，只是比馬車要小很多，而且是用鐵管和鐵片焊接成的車廂和車把手，身長有一丈二尺，三尺多寬。兩個車轅把手正好適合人的雙臂的寬窄進行拖拉。

　　早期，排子車車軸是用木頭製作，比較常見的是「花軲轆車」，一般是十五六根輻條呈放射狀地連接到車輞。輞外加裝鐵瓦，車輪朝外的一面可以看到許多用以加固的蘑菇釘，拉起來吱吱呦呦亂響。十分笨重。到了 1940 年前後，有不少「花軲轆車」都換成了可以打氣的膠皮輪子。車軸上再裝上了軸承，這一改進，拉起貨來可就輕鬆多了。在沒有汽車的時代，排子車在平民之家一直發揮著重要的運輸作用。小販可以用它來拉貨，買東西。城內的「腳行」用它運輸、搬家既省力又便捷，也是幹這一行的人重要工具。

　　晚清名士程康有《人力車》一詩，是為陳師曾繪《北京風俗圖》的題詠，刊於《北洋畫報》。詩讚之：

> 捷足功名小著鞭，平生寧肯讓人先。盧山真面終難識，腰折低頭亦可憐。

103. 轎夫

轎子是我國古代的一種特殊的交通工具。《隋書·禮儀志》載：「今輦制像軺車而不施輪，用人荷之」，這種沒有輪的「車」，用人抬著走，便是轎子了。轎子的雛形遠在夏朝時期就已經存在。古代的轎子大致有兩種類型，一種是不上帷子的涼轎，也叫亮轎或顯轎。一種是上帷子的暖轎，又稱暗轎。不同的官品在轎子的形制類型，以及帷子的用料顏色等方面都有嚴格的區分。

轎子的外形是一個木製長方形框架，中部定在兩根具有韌性的細圓木轎杆上，轎底用木板封閉。上面安放可以乘坐單人或雙人的靠背坐箱，轎頂及左、右、後三側以帷帳封好。前面設有可以掀動的轎簾，兩側轎帷多留小窗，窗上備有窗簾。民間所用的轎子分為素帷小轎和花轎兩種，前者是一般婦女出門乘用之物，後者則是專門用於婚嫁迎娶之用。轎子按其用途的不同，外部裝潢也不同。素帷小轎多為青藍色布罩包裹。而花轎則是大紅色綢緞包鑲，繡花簾幕，垂幔流蘇，吉祥奢華。

清季信筆散人寫有婦人乘轎逛廟會的詩，十分有趣：

　　　藍呢小轎快如風，內坐佳人一抹紅。道路長短儂不識，只言廟

　　會在城東。

104. 黃包車

　　黃包車是一種由人拉著行馳的兩輪車。這種車是日本人的發明，出現於 19 世紀 60 年代的東京。最初，它是木製高輪，外包鐵皮，長長的車柄，拉起來特特作響。車上可乘坐兩人，是件特別時髦的代步工具。

　　清同治十三年，一位名叫米拉的法國人，看準了這種交通工具會有大的發展前景。於是，在上海工部局註冊了一個人力車公司，從日本購進人力車三百輛，並招聘了一百多名日本車夫到上海拉車。因為車夫都身穿黃色號坎，故俗稱「黃包車」。公司開張營業之際，曾經轟動一時。富商巨賈、紳士名媛以至平民百姓無不爭相一試。

　　清代詩人吾廬孺作《京華慷慨竹枝詞》，書中記述了這件事：

　　　　短小輕盈制自靈，人人都喜便中乘；自由平等空談說，不向身
　　前問弟兄。

　　這首《竹枝詞》描述了黃包車剛一出現時的空前盛況。但是好景不長，因為這些日本車夫的語言不通，而且對上海的街道名稱也不熟悉，故而紛紛辭業回國，該公司也只能易手於中國的大亨。

105. 裝卸工

　　舊日，凡有碼頭的地方就有裝卸工，人稱裝卸工為「碼頭夫」。碼頭裝卸的工作極為艱辛，社會地位低下，長期受地方惡勢力的壓榨和同伴之間爭搶生意之苦，辛辛苦苦換來的酬勞，往往不夠養家糊口之用。

　　裝卸工在長期的利益抗爭中，逐漸形成了有規矩的幫會組識。他們講義氣、抱團兒，這也是與其他「苦力」的不同之處。要進入這一行找工作也很不容易，除了身體健壯外，還要有過硬的中保，還要交納一定的押金，由師傅引導路徑才能入道。入道之後，方能憑力氣掙錢，受到同行的保護。

　　裝卸行分青、紅兩大幫派。兩幫協定各有各自的轄區，有的占碼頭、有的占車站；有的占甲區，有的占乙區；各掙自己地面上的錢，雙方互不侵犯。一但發生搶工掙活的事情，全由頭兒出面進行協調。如果協商失敗，就會打架鬥毆，甚至釀出人命。

　　清代文人葉調元作《漢口竹枝詞》，其中有一首寫碼頭的詩：

　　　　雜貨扛抬到晚休，外班氣力大如牛。橫衝直闖途人避，第一難行大碼頭。

106. 搬運工

　　舊日北京幹「窩脖兒」這一行人很多。他們為人搬運東西，一不用車輛，二不用挑抬，而是用肩頭扛著貨物在街上行走，時人亦稱之為抗街的。

　　這裡所說的搬運工與碼頭上的裝卸工有所不同，他們的服務對象都是平民百姓、市井散戶。譬如搬家、短途送貨等。這行人都是單幹戶，不在幫會，也不屬青紅幫之類的組織。他們都是城市貧民，或是近郊失去了土地的農人，靠著自己的一膀子力氣，打短工，混口飯吃。

　　一清早他們就蹲在「人市」上，或是家具店、山貨店的門首，等著人雇傭拉貨。這一行人用的運輸工具一般都是獨輪車或「地老虎」。「地老虎」的輪子小，前腳有一個鏟子架，多重的東西，一鏟就能離開地面，一個人推起來就走，極是好用。以下這首搬運工的歌謠，原是這一行人的口頭禪。

　　　　地老虎，真大力，多重的東西都托得起。不是咱們好誇口，就
　　是泰山也敢移。

107. 挑夫

近代歌手費玉清有一首著名的歌，叫做「挑夫」曾經紅火一時。歌聲唱道：

嘿——挑呀，挑過山喲，挑呀，挑過水喲。一日復一日呀，走
走又停停。挑出了多少情呀，挑出了多少意。情意比山重呀，情意
比水長。不怕那山險阻喲，不怕那路途遙喲，重擔兩肩挑呀，總會
到地頭。

挑夫是靠力氣吃飯的活兒，自古有之，也是市井生活中的一行。圖中所繪
顯然是一位趕考的讀書人怕耽誤了考期，在急急行路。他肩扛一柄雨傘，另一
隻手提掖著長衫，行色匆匆。挑夫則挑著行裏涼席、箱籠、考籃，跟著主人一
溜小跑。真是「主亦匆匆、僕亦匆匆」，把挑夫的神色畫得呼之欲出。

古人出行，山高水長，沒有什麼交通工具可以代步，極為不便。挑夫受雇
於人，一根扁擔，兩個肩頭，專為了行路之人肩物負重，分憂解愁。常言說：
千里之行始於足下」挑夫但憑一雙腿腳，一膀子力氣，疾走如風，掙錢養家糊
口。

108. 釘馬掌

不管是驢、是騾子還是馬，終日負重、幹活走路，四足必須釘上鐵掌。否則這些牲口不能驅使了。牲口要釘掌時，主人要將它先拴在鐵匠作坊前的一個門框形的木架子上，防止它蹽蹶子踢人。釘掌的師傅戴著皮圍裙，先提起牲口的一條後腿，放在自己的大腿上，順手拉過一隻像凳子一樣的木砧子，把牲口蹄子放在上面，用力摁著，使之勿動。用羊角錘起出舊鐵掌，依次把前後蹄掌打磨圓潤平整，而後便開始上釘。釘子要在預先沖好的釘眼裏向外釘打，要使釘子的大頭周正地嵌在鐵掌的凹槽裏，既保持了蹄子的光滑利索，又不傷其筋骨，更不能讓蹄釘脫落。這一技術，前人研究得非常巧妙合理。這一行供奉的祖師爺也是李老君。他們誇口說：佛祖釋迦牟尼殿前金獅銀象鐵掌，也是他們打的。這一行人的鋪子前面，都懸掛著一對大號的鐵掌當幌子，風兒一吹，叮噹作響，老遠就知道這裡有釘馬掌的作坊。

這一行生意原本挺火實，但隨著騾馬運輸的日益減少，此業已逐漸消失了。近人有竹枝詞寫道：

> 物是人非事事新，汽車代了馬蹄金。釘掌師傅今何在？薄藝如水難適今。

109. 馬販子

　　清末文人袁翔甫作有販馬詩，刊於清光緒二年（1876）《塞外竹枝》刻本之上。

　　　　烏夜村西烏夜暗，馬噪城外馬頻行。三更歡去月上樹，照見踏
　　霜郎馬蹄。

　　在沒有發明機械動力之先，人們只能借助畜力運輸、代步，騾馬是重要的役使物。但是，中原並無良驥，全從口外販來。尤其，上海洋人開辦了跑馬場，賭馬、跑香檳成了上海人的一大樂事。

　　於是，除了運輸之需，對於良馬的需求很大。這樣一來，販賣馬匹就成了一種大生意，競爭之烈，使販馬生意格外紅火。幹這一行的，無論是財東還是夥計，一概統稱馬販子。馬販子的生意十分辛苦、風險也很大，先要注入大本錢，要闖綏遠、去察哈爾，選購張北馬、蒙古馬、伊犁馬，或東洋馬。選好之後，一路上圈圍驅趕、風餐露宿，經過千里奔波，才能運抵都市。如果交易成功，賣出好價錢，自然一本萬利，收穫豐盈。但是，如果有所閃失，如選馬失誤走了眼，或路上馬匹染了病，或是遇到了馬賊，強盜，未加防範，就會血本無歸。

110. 造船匠

　　我國造船的歷史很悠久，早在五千年前的河姆渡文化遺跡中，就有了古代人發明的獨木舟。到了春秋時代，《詩經‧小雅》中則有「泛泛楊舟，紼纚為之」之句，可知古人不僅以楊木製舟，而且還善於使用繩纜來操作船隻。當然，這些都是用於河湖水面上的小船。隨著人類社會生產力的發展和技藝水平的提高，後來的船隻也就越造越大了。「王濬樓船下益州，金陵王氣黯然收」這句著名的唐詩，已把三國魏晉時代出現的大船描寫得淋漓盡致。到了隋煬帝時，造船的規模就更大了。主要是用於帝王的遊樂。

　　當年我國的造船技術在世界上絕對是遙遙領先的。造船的工匠也是隊伍浩大的。但是一到清朝，施行了「海禁」政策，從此閉關鎖國三百餘年，以致到了晚清國內竟然再也找不到能造大船的工匠。更無有一張能造大船的圖紙和文獻記錄。只有小船作坊還在民間營運。清代詩人吳嘉紀寫有《鄰翁行》一詩，記述了造船匠的生活工作之苦。

　　　　鄰翁皓首出門去，慟哭悔作造船匠。伴無故舊囊無錢，此去前
　　途欲誰傍？

111. 擺渡

晚清詩人陳蝶仙在《瓜山新詠》一書中寫有《航船》一首：

　　淳佑橋頭喚渡來，午炊煙裏小船開。青蚨五十單搖去，一百文錢搖轉回。

　　擺渡人家生活在河、湖、港、汊之間，以船替代車馬橋樑，渡人渡物，過河過湖。每日自此岸出發，至彼岸而止，也是方便他人行路載物的一樁善業。民諺有「救人救到底，渡人渡上岸」之說，也是對此業的一種口碑式的褒揚。

　　擺渡的方式視渡口的地域形勢和河汊的寬窄、水勢的急緩而有所不同。若是河窄水急，則在河的兩岸拉有繩索，船家只需牽引大繩往返載客即可。這種方式，在沈從文的小說《邊城》中描寫得十分真切細膩。若是水面寬闊、水流平緩，就使用大船，多載乘客，撐篙縱舟而行；如果使用小船，則載客不多，船家劃槳搖櫓而行。一般搞渡船的，都是小門小戶的漁家生意，男人用篙、女人搖櫓，合力同心一起擺弄渡客。收些有限的渡錢，糊口度日，生活亦很艱難。

文教

112. 捎書人

　　古代人們的生活比較閉鎖，「雞犬相聞，老死不相往來」。書信往來者甚少，也就談不上通郵的問題了。難怪杜甫常在詩中感歎「家書抵萬金」。到了宋代，就出現了專門為四鄉居民捎書遞信的郵戶。《宋史‧王全斌傳》中已有「郵傳」之說了，稱操此業的人為信者。鄉間信者都是世襲，他們為人忠厚誠實，守信義，均是千金可託之輩。一封書信在手，翻山越嶺，不畏辛苦，一定要送到收信人手裏，並要帶回回信，方算有一明確交代。由此，獲取一定的報酬。就這樣，「郵傳」這一行人就一輩傳一輩地幹下去，成為民間的專職郵戶。

　　這一行自詡「忠義無雙」，決不做「付之洪喬」的事！以下一首詩為民國李幼芝先生所作，出自《雪泥鴻爪記竹枝》。詩中寫到了洪喬。洪喬始係晉朝人。相傳，在他出任豫章太守時，鄉親們託他帶信多達一百餘封。他不好推辭，就信誓旦旦地接受了人家的託付。但他途經石頭城下時，竟將書信全部投入水中，還說：「浮者自浮，沉者自沉，殷洪喬不能為人作書郵。」洪喬拋棄了鄉誼和信義，這種行徑自古令人髮指。

　　　鴻雁黃耳不辭勞，不計書簡路途遙。更有信使賢人在，平生最
　　卑殷洪喬。

113. 教女樂

　　宋代大文學家蘇軾在《東坡詩文集》中有首《琴》詩，是說閨中彈琴之事：

　　　　若言琴上有琴聲，放在匣中何不鳴？若言聲在指頭上，何不於君指上聽？

　　明代張岱著有一部《陶庵憶夢》，其中有《朱雲崍女戲》一章，文中講到大戶人家聘請師傅，深入閨幃教授女戲的事，他寫道：「教女戲，非教戲也。未教戲先教琴，先教琵琶，先教提琴、弦子、簫、管，鼓吹歌舞，借戲為之，其實不專為戲也。」

　　平民要學樂器，吹、拉、彈、唱，盡可拜師求藝，大多沒有什麼約束。而世家子弟就不行了，尤其是大家閨秀，在封建的禮教的束縛下，大門不出、二門不邁，規矩多，禮教嚴，要喜愛絲竹音樂，談何容易。

　　大家庭教女兒學習音樂，都是由家長親自出面，或是由親朋薦舉，重金聘請「名聲好、技藝精」的女樂師，到宅中內室進行教授。這一行的人一不是勾欄瓦弄的善才師傅，二不是倡優演員，多是名門後裔，因家道中落，迫於生計而拋頭露面充當女教習的。

114. 塾師

　　清代畫家鄭板橋著有《道情十首》，寫的是中國傳統的漁、樵、耕、讀。其中有對鄉間塾師的描述：

　　　　老書生，白屋中；說黃虞，道古風；多少後輩高科中。門前僕
　　從雄如虎，陌上旌旗去似龍。一朝勢落成春夢，倒不如蓬門陋巷，
　　教幾個小小蒙童。

　　歷代鄉塾中執教的老師們，實際的工作環境和生活待遇都十分低下，在社會中也沒有什麼地位可言。在封建時代，農民生活能保證三餐溫飽已屬不易，很少有力量去培養他們的後代上學讀書。鄉鎮中也只有些有錢有地位的大戶人家、鄉紳、富賈才有條件開設私館或鄉塾，聘請有功名學識的讀書人，對其兒女子孫或鄉鄰童子進行培養教育。

　　塾師教學生，分為開讀、開講和開筆三個步驟。開讀，先讓孩子們死命背書，兩年之後，才逐字逐句地講解書中的內容，解答學生們的提問。到了教學生們下筆作文章的時候，大抵得四五年之後。這種傳統的教育方法直到進入民國才得以改變。

傳播

115. 雕版

　　印刷術是我國古代的一大發明，現藏於大英博物館中一卷卷的唐人刻經，便是最好的憑證。若談到雕版技術的起源，可以追溯到古代先民的岩畫和龜板上刻畫的甲古文，以及青銅器上的銘文。漢代的封泥製印，應該說是專門用來印拓作品的泥版了。

　　雕版是一種專門的技藝，主要用來印書、印布告、印圖畫。所用木版多選用紋理細膩、木質柔韌的本材斷面作為豆版。善書者能直接將文字反書於紙上，由師傅操刀雕刻。雕版完畢的字或畫都是反向的。經過處理，就可以印書印畫了。

　　雕版行從屬書坊、畫坊，是以師博帶徒弟的方式進行傳授。大型書坊內雕版的師傅多達數十人。著名的雕版刻書人也曾出不窮，如明代長洲「大石山房」的顧元慶，嘉靖年間震澤的王延哲等，其作品精美，赫赫有名。相傳舊時蘇州有「刻書賽積德、藏書勝藏金」之說，稱「刻書者傳先哲之精蘊，啟後學之困蒙，亦利濟之先務，積善之雅談也」。據明胡應麟的《少室山房筆叢》一書說：「余所見當今刻本，蘇常為上，金陵次之，杭又次之；近湖刻、歙刻驟精，遂與蘇常爭價，蜀本行世甚寡，閩本最下，諸方與宋世同。」清末畫家孫蘭蓀為這一行人所作有《竹枝詞》，刊於宣統二年出版的《圖畫日報》：

　　　　刻字如何亦稱匠，只有木頭刻得像；不比當世金石家，金石刻
　　畫不走樣。昔年刻字重刻書，一書須刻數年餘。多少工夫一本書，
　　奉勸世人認真讀。

116. 折書頁

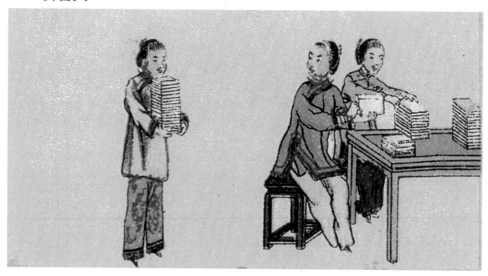

　　書籍在我國出現已有三千多年的歷史。最早為木簡、竹簡充之，到了漢代，紙張發明了，為現代書籍的產生奠定了物質基礎。隨著雕版印刷術的進步，為書籍的成型和推廣給予了技術支撐。到了唐代，標準的中國線裝書籍誕生了。宋元版本書的定式，使我國線裝書的形式一直沿用至今。

　　一冊書或一卷書，由數十頁對折的書頁兒組成，除正文頁子外，每書還有扉頁、書衣。圖書裝訂的一邊，錐眼、釘線的地方叫書腦，裝訂的側面叫書脊或書背。打開的一面叫書口。書的最上端叫書首，也叫書頭。最下端叫書根，因為古代圖書在書架上的擺放多不豎立而平放於架上。所以往往把書名和卷數寫在書根上，外加書套包裹，一部書遂告完成。

　　由於印刷的進步，讀書人的增多，書肆、書店的繁盛，南北書局、印書的作坊如雨後春筍般發展起來。裝訂製書的作坊也隨之興起來。裝訂業與印刷業多是毗鄰相接，形如兄弟不能分離，但它們又是不同的兩個行業，從屬不同的東家。訂書社承攬印書局的業務，從來是一單一結帳，不能拖欠。印書行中從來沒有女工，而訂書行中女工尤多。因為女工心靈手巧，審頁子、折頁子、碼頁子，又快又好，精細而不出差錯。

117. 訂書

　　古代的線裝書名叫「四眼裝」，要在裝訂處打上四個眼兒，再用針線穿縫。線裝書有簡裝和精裝兩種形式。簡裝書採用紙封面、訂法簡單，不包角，不勒口，不裱面，不用函套或用簡單的函套。

　　而精裝書則採用布面或用綾子裱在紙上製作封面。裝訂法也比較複雜，訂口的上下切角均用織物包角，有勒口、覆口，把封面的三個勒口邊或前口邊被襯頁黏住，以增加封面的挺括和牢度。最後，用函套或書夾把書冊包裝起來。

　　圖中所繪的乃是書社中的男工剁紙的情況。訂好的書本，最重要的一道工序，就是剁紙切邊兒。把書的四邊切割整齊。在沒有切割機之前，是用斧刀錘剁。

　　孫蘭蓀所作中有一首詩，講述了成書的全過程。

　　　　小本開夾釘書作，釘書生意殊不惡。女子拈針把線穿，男子執
　　　鑽將孔鑿。男男女女共做工，一書片刻訂成功。勾針無女針難紉，
　　　鑽眼無男眼不通。

118. 賣書的

　　古人描寫刻苦讀書時，常用「韋編三絕」這個成語。因為古代的書多是用皮條穿編竹簡而成的。樣子是一卷一卷的很笨重。漢朝出現了紙張，加之印刷術的發展，線裝書籍便大行於市了。販書作為一種行業就此形成。

　　唐朝一個叫柳玭的人，在蜀中任中書舍人，每當公休就到城東南的書坊去選購圖書。稱「其書多陰陽雜記、占夢相卜、九宮五諱之流。又有小學，率雕版印刷」。這是關於書販的最早記載。及至宋代，孟元老《東京夢華錄》對書肆、書坊、書攤的記述就更為詳細了。僅大相國寺的殿前殿後，售書賣畫的攤檔林立，汴京市內就更不必說了。

　　販書這一行，歷來分坐店經營和流動經營。坐店經營講究有字號，大資本，庫底子厚，東家博學儒雅、通今知古，對善本有獨到的研究。除了為一般客戶服務之外，更偏重對名流、飽學之士、收藏家、鑒賞家們的需求給予滿足。書攤，則是純生意了，本錢小、書也不多、隨進隨出，只有數箱。逢集市廟會，兩條板凳、三塊板、鋪上一塊藍布，把書往上一碼，就算開張了。還有一種是走街串巷、挨家挨戶兜售書籍的。例如，明代李賢《古穰集》中的《中議大夫黃州知府致仕滕君墓表》記載：「太恭人孀居，獨持門戶，凡百所需，皆出勤儉之力，有售書者過門，輒脫簪珥易之。」這裡提到的便是挨家挨戶上門零售者。此外圖中所畫的是走街串巷的小書販，他們大多是把書籍一摞摞碼放齊整，用夾板一夾，再用繩繫好，扛肩上，邊走邊吆喝著賣。所賣之書多是專供市井百姓解悶的閒書，和價格便宜的兒童開蒙圖書《三字經》《百家姓》《弟子規》等等。

119. 宣告白

　　清季，朝廷頒布諭旨政令，下達到各州府縣，要讓人人知曉，就四處張貼告示，譬如頒布新政，或是緝拿要犯，或若禁煙戒賭、納稅徵丁，以使婦孺盡知。但是，慮及文盲識聾、目不識丁者，衙門就雇用了一些宣告白的人，把文告內容一字不漏地背了下來，而後，到市井四鄉大聲背誦宣講。久而久之，也就形成了一個行當。

　　彼時政府之所以用這種辦法宣傳政令，也是出於無奈。宣告白的人大都略有文化，讀過幾年私塾，認得一些字；而且記憶力強，口齒清楚。出行不帶文稿，身背著一隻褡袋，內裝乾糧和水，每走到一村一店，就敲動小鑼，招引得大人孩子聚攏一處，開始大聲地背誦最新發布的告白。聽者如果有不明白的地方，要求他詳細解釋的話，宣告白的則置之不理，不予回答。頂多是再背上一遍。這叫做「一字入公門，不可胡亂言；一字值千金，不可胡亂噴。」謹言慎行是這一行的規矩。進入民國以後，這一職業便自動消失了李幼芝先生在《雪泥鴻爪記竹枝》中描述這一行當。

　　　　誰說政令難推行，重重布告貼街中；更如宣讀告白者，聲如洪鐘震耳聾。

120. 賣報

近人張元塤在《故都雜詠》一書中講述了清代賣報人的行徑。

噴噴沿街賣報聲，成天奔走送新聞；秀才不出門前去，一樣全
球消息靈。

我國最早出現的報紙，是上海美商字林洋行創辦的《上海新報》，它誕生於 1861 年，是諸報的先驅。翌年，《申報》便創刊。1893 年，又出現了《新聞報》。此後維新派又創辦了《強學報》《蘇報》《時務報》《農學報》《遊戲報》種種。這些報紙都是由大知識分子主筆，抨擊政治，匡正時弊，深得社會關注。發行的數量大，讀者也非常多。

賣報紙這一行就順時而生了。賣報紙這一行不止是對大城市的市民賣報，對鄉間村鎮也可以由基層從業者依時送達。鄉間讀報的人少，基層的賣報人員光靠賣報是不夠收入的。一般還兼為別人代購紙筆墨硯、日用雜品等等，如有信件包裹郵寄，他們亦可代運代送，費用不多，也是方便社會的一種有益的組織。

進入民國初年，各種報紙雜誌如雨後春筍、鋪天蓋地發行。賣報這一行成了一個有組織的大行業。很多城市貧民和失學兒童也儕身其中，掙些薄薪，糊口養家。

121. 賣朝報的

清人孫蘭蓀有一首《賣朝報》詩，寫道：

> 小鑼敲得咯當當，肩上招牌插一方。新出新聞賣朝報，三文二文便可買一張。此等朝報向來有，瞎三話四難根究，如今世界開通報紙多，還向街頭出怎醜。

朝報一詞，來源於趙升的《朝野類要》。文中載：「朝報，每日門下後省編定，請給事判投，方行下都院進奏，報行天下。」朝報原是專門刊登官場事蹟的。內容大致分為三個部分：一為宮門抄。如朝廷召見了哪一位官員，哪一位官員擢升另委，某部上奏某事，某部引見某人，皇帝到某處至祭等等。其次是上諭，而後是奏摺。

到了清季後期，由於鴉片戰爭的失敗，外國資本主義的侵入，政治生活活躍，社會新聞漸多。尤其到了戊戌變法前後，新聞迭出，與時俱變。奏摺如山，新法如鯽，廢科舉、興新學，學西法、辦洋務，天天變法，日日維新，朝報就真忙不過來了。而且，政局的瞬息之變，諸事改革之新穎，人們莫不以爭知、爭睹為快。朝報一時成了舉國百姓都關心的紙頭了。

賣朝報成了一種職業，幹這一行的人也就多了起來。但正式的報紙一出臺，朝報和賣朝報的也就很快地消失了。